Jamil Constantin
Rubem Silvério de Oliveira Jr.
Antonio Mendes de Oliveira Neto
Éder Blainski
(Editores)

Buva:

Fundamentos e Recomendações para Manejo

2012

Caixa Postal: 16532 - 81520-980 Curitiba, PR

Capa:
Sérgio Alexandre Prokofiev

Fotos da capa:
Antonio Mendes de Oliveira Neto e
Rubem Silvério de Oliveira Jr.

Projeto gráfico e editoração:
Omnipax Editora Ltda

Ficha catalográfica:
Adriano Lopes (CRB9/1429)

Dados Internacionais de Catalogação na Publicação

B989 Buva: Fundamentos e Recomendações para Manejo/ editores: Jamil Constantin et al. — Curitiba, PR: Omnipax, 2012
104 p.

Vários autores
Inclui bibliografias
ISBN: 978-85-64619-06-7
eISBN: 978-85-64619-07-4

1. Ervas daninhas 2. Herbicidas. 3. Germinação. 4. Manejo de entressafra I. Constantin, Jamil, ed. II. Título.

CDD (22. ed.) 632.96

Realização

Apoio

Colaboradores

Alessandra Constantin Francischini: Engenheira Agrônoma (UEM, 2009). Atualmente é aluna de mestrado em Agronomia no PGA/UEM.

Alexandre Gemelli: Engenheiro Agrônomo (UEM, 2010). Atualmente é aluno de mestrado em Agronomia do PGA/UEM.

Antonio Mendes de Oliveira Neto: Engenheiro Agrônomo (Escola Superior de Agronomia de Paraguaçu Paulista, 2008) e Mestre em Agronomia (PGA/UEM, 2011). Atualmente é aluno de doutorado em Agronomia do PGA/UEM.

Denis Fernando Biffe: Engenheiro Agrônomo (UEM, 2006), Mestre e Doutor em Agronomia (PGA/UEM, 2008 e 2012, respectivamente) na área de Proteção de Plantas. Atualmente é Professor Assistente do Departamento de Agronomia da UEM.

Diego Gonçalves Alonso: Engenheiro Agrônomo (UEM, 2006) e Mestre em Agronomia (PGA/UEM, 2008) na área de Proteção de Plantas. Atualmente é aluno de doutorado do PGA/UEM, tendo realizado estágio de bolsa *sandwich* na University of Minnesota.

Éder Blainski: Engenheiro Agrônomo (UEM, 2008) e Mestre em Agronomia (PGA/UEM, 2011) na área de Proteção de Plantas. Atualmente é aluno de doutorado do PGA/UEM.

Fabiano Aparecido Rios: Engenheiro Agrônomo (UEM, 2009). Atualmente é aluno de mestrado do PGA/UEM.

Fernando Storniolo Adegas: Engenheiro Agronômo (Faculdade de Agronomia Manoel Carlos Gonçalves, 1983), Mestre em Fitotecnia (Universidade de São Paulo - ESALQ/USP, 1994) e Doutor em Agronomia (Universidade Estadual de Londrina, 2005), ambos na área de concentração em Matologia. Foi extensionista da EMATER/PR e atualmente é pesquisador da Empresa Brasileira de Pesquisa Agropecuária - Embrapa Soja, na área de Manejo de Plantas Daninhas.

Gizelly Santos: Engenheira Agrônoma (UEM, 2009). Atualmente é aluna de mestrado em Agronomia no PGA/UEM.

Guilherme Braga Pereira Braz: Engenheiro Agrônomo (Universidade de Rio Verde - FESURV, 2010). Atualmente é aluno de mestrado em Agronomia no PGA/UEM.

Hugo de Almeida Dan: Técnico em Agropecuária (Escola Agrotécnica Federal de Colorado do Oeste, 1999), Engenheiro Agrônomo (União de Escolas Superiores de Rondonópolis, 2007), Mestre em Produção Vegetal (Universidade de Rio Verde - FESURV, 2009). Atualmente é aluno de doutorado em Agronomia no PGA/UEM.

Jamil Constantin: Engenheiro Agrônomo (Universidade Estadual de Maringá, 1985), Mestre e Doutor em Agricultura (UNESP/Botucatu, 1993 e 1996, respectivamente). É Professor Associado da área de Ciência das Plantas Daninhas do Departamento de Agronomia da Universidade Estadual de Maringá desde 1988 e bolsista de produtividade em pesquisa do CNPq, nível 1D.

Jethro Barros Osipe: Engenheiro Agrônomo (Universidade Estadual do Norte do Paraná – Campus Luiz Meneghel, 2009). Atualmente é aluno de mestrado em Agronomia do PGA/UEM.

João Guilherme Zanetti de Arantes: Engenheiro Agrônomo (UEM, 2006) e Mestre em Agronomia (PGA/UEM, 2008). Atualmente é aluno de doutorado em Agronomia do PGA/UEM.

Luiz Henrique Moraes Franchini: Engenheiro Agrônomo (UEM, 2009). Atualmente é aluno de mestrado do PGA/UEM.

Maria de Fátima Pires Silva Machado: Bióloga (USP, 1978), Mestre e Doutora em Ciências Biológicas, na área de Biologia Genética (USP, 1982 e 1986, respectivamente), pós-doutorado (Instituto de Biologia Celular de Madrid – CSIC, 1989). Atualmente é Professora Associada do Departamento de Biologia Celular e Genética da Universidade Estadual de Maringá.

Michel Alex Raimondi: Engenheiro Agrônomo (Escola Superior de Agronomia de Paraguaçu Paulista, 2006) e Mestre em Agronomia na área de Proteção de Plantas (PGA/UEM, 2008). Atualmente é aluno de doutorado em Agronomia do PGA/UEM.

Naiara Guerra: Engenheira Agronôma (Escola Superior de Agronomia de Paraguaçu Paulista – ESAPP, 2008) e Mestre em Agronomia (PGA/UEM, 2011). Atualmente é aluno de doutorado em Agronomia do PGA/UEM.

Robinson Osipe: Engenheiro Agrônomo (Fundação Faculdade de Agronomia Luiz Meneghel, 1980), Mestre em Agronomia (ESALQ/USP, 1993) e Doutor em Agronomia (UNESP/Botucatu, 1998), ambos na área de Ciência das Plantas Daninhas. Atualmente é professor titular da Universidade Estadual do Norte do Paraná – Campus Luiz Meneghel, onde exerce suas atividades desde 1986.

Rubem Silvério de Oliveira Jr.: Engenheiro Agrônomo (Universidade Federal de Viçosa, 1990), Mestre e Doutor em Fitotecnia (UFV, 1992 e 1998, respectivamente), pós-doutorado (University of Minnesota, 2010-2011). É Professor da área de Ciência das Plantas Daninhas no Departamento de Agronomia da Universidade Estadual de Maringá desde 1992, e bolsista de produtividade em pesquisa do CNPq, nível 1D.

Dedicatória

À Universidade Estadual de Maringá e ao Departamento de Agronomia, por ter sido o terreno fértil para nossas idéias e a nossa casa durante todos estes anos. Só a liberdade de pensamento constrói o progresso humano.

À incomparável equipe de colaboradores do Núcleo de Estudos Avançados em Ciência das Plantas Daninhas (NAPD/UEM), composta por alunos de graduação, de pós-graduação e por colegas da docência e da pesquisa.

Prefácio

A importância da buva como infestante em áreas cresceu tremendamente nos últimos anos, fazendo com que ela passasse a ser uma das plantas daninhas mais importantes de áreas cultivadas no Brasil e no mundo. Este crescimento em importância decorre tanto do fato de que ela é uma espécie cujo controle é naturalmente difícil, quanto do desenvolvimento de biótipos resistentes a herbicidas e, em especial, ao glyphosate. A dependência da agricultura moderna em relação ao controle químico, especialmente nas áreas de plantio direto de grãos, tem promovido ainda maior pressão de seleção de biótipos resistentes, o que tende a agravar a situação. Neste trabalho, são abordados inicialmente aspectos relacionados à importância da buva como infestante e ao seu histórico na agricultura mundial, bem como de sua germinação e emergência. Também são discutidos aspectos relacionados à interferência causada nas culturas e aos métodos culturais e mec6anicos que podem potencialmente ser utilizados em seu manejo. O texto discorre sobre sistemas de manejo da buva, focando principalmente o período de entressafra, e as alternativas de herbicidas passíveis de uso nas diversas possibilidades de sistemas manejo. Por fim, é feita uma breve discussão visando à prevenção de possíveis efeitos de *carryover* de herbicidas com atividade residual no solo que podem ser utilizados para o manejo outonal da buva.

Jamil Constantin - UEM
Rubem Silvério de Oliveira Jr. - UEM
Antonio Mendes de Oliveira Neto - UEM
Éder Blainski - UEM

Sumário

Capítulo 1

Plantas Daninhas na Agricultura: o Caso da Buva

Robinson Osipe, Fernando Storniolo Adegas, Jethro Barros Osipe

1. Introdução

Quando se procura retratar a dificuldade do trabalho agrícola ou a vida dura do homem do campo, normalmente se utilizam imagens do agricultor utilizando uma enxada, no difícil serviço de capinar "o mato" dentro da sua plantação. Isto ocorre porque o controle de plantas daninhas sempre foi um dos principais problemas no desenvolvimento da agricultura moderna e considerada a tarefa mais árdua realizada pelos agricultores em todo o mundo (Holm, 1971).

Plantas daninhas são definidas como espécies que ocorrem em lugares não desejados ao interesse do homem. No caso da agricultura, plantas daninhas são as espécies que germinam e se estabelecem em todas as áreas de produção agrícola. De maneira geral estas plantas são mais rústicas do que as culturas comerciais, o que lhes confere grande capacidade de se estabelecer nos mais variados ambientes e nas mais adversas condições, competindo pelos mesmos fatores de crescimento, de desenvolvimento e de produção das culturas comerciais.

As plantas daninhas competem diretamente por recursos básicos ao desenvolvimento das culturas, como a água, a luz, os nutrientes e o espaço para crescimento. Indiretamente também podem prejudicar as plantas cultivadas pela liberação de substâncias alelopáticas ou por serem hospedeiras de pragas e doenças. Esta competição pode resultar em prejuízos significativos para a cultura comercial, chegando a casos de perda total de produção. Além disto, também podem dificultar a operação de colheita, prejudicando a qualidade dos grãos, das sementes, dos frutos, dos tubérculos ou dos demais produtos agrícolas.

O conjunto de fatores prejudiciais que uma determinada cultura recebe em decorrência da presença de uma comunidade daninha infestante, em um determinado local, é denominado de interferência, sendo que o nível de interferência depende de fatores ligados à cultura, ao ambiente, ao período de convivência e à comunidade infestante (Pitelli, 1985).

 ISBN 978-85-64619-06-7

Especificamente em relação à comunidade infestante é importante lembrar que a maioria das plantas daninhas de culturas agrícolas se adaptou aos modelos de cultivo moderno, nos quais foram desenvolvidos sistemas de semeadura que asseguram uma distribuição equitativa de espaço radicular, de luz, de água e de nutrientes para o bom desenvolvimento das plantas cultivadas. Como estes sistemas agrícolas não são estáticos, as comunidades infestantes também estão em constante transformação, com o surgimento e ou aumento de populações de infestantes diferentes das que ocupavam originalmente as áreas de cultivo, sendo tais populações cada vez mais representativas do sistema agrícola utilizado, com caráter regional, ou então limitado a determinadas culturas (Fernandez, 1979).

2. O Caso da Buva

Um caso intrigante de alteração da flora daninha tem chamado a atenção no Brasil e em várias partes do mundo: o aumento da infestação de buva.

A buva foi primeiramente catalogada no longínquo ano de 1753 por Linnaeus e desde então já foram descritas 399 diferentes espécies deste gênero (Tropicos, 2011). Os primeiros relatos de uma planta de buva no Brasil foram feitos em 1873, pelos médicos e botânicos alemães Carl Friedrich Philipp von Martius e Carl Ludwig Willdenow, ambos auxiliados na análise das exsicatas pelo botânico inglês John Gilbert Baker (Tropicos, 2011).

Portanto, esta planta já era conhecida há um bom tempo, tanto no mundo como também no Brasil, normalmente presente em baixa frequência e densidade, em pastagens degradadas, em cultivos perenes, em áreas de pousio, em beiras de estradas ou carreadores e na época de entressafra de inverno de culturas anuais. Então o que aconteceu para que esta planta daninha, de importância secundária, tivesse sua população enormemente aumentada, a ponto de se tornar uma das infestantes mais importantes para os cultivos agrícolas atuais?

Algumas das principais características de uma planta daninha para colonizar, expandir e se perpetuar em determinados sistemas agrícolas são: elevada produção de sementes; capacidade de produção de sementes em ampla faixa de condições ambientais; sementes dotadas de adaptações para disseminação a curta e a longa distância; diversos e complexos mecanismos de dormência; desuniformidade no processo germinativo; capacidade de germinação em muitos ambientes; capacidade de produção contínua de sementes pelo maior tempo que as condições permitirem; desuniformidade nos processos de florescimento e frutificação; rápido crescimento vegetativo e reprodutivo; plantas auto-compatíveis, mas não completamente autógamas ou apomíticas; quando alógama, utilização de agentes de polinização inespecíficos ou o vento (Pitelli & Pavani, 2005).

Observando as características citadas acima, podemos constatar que a buva apresenta uma série delas, com destaque para a alta produção de sementes, a presença de estruturas para dispersão (papus), as facilidades de polinização e a dispersão pelo vento. No entanto, tais características da planta não explicam o aumento da infestação, sendo necessário analisar os possíveis fatores externos que possam ter contribuído para o processo de disseminação.

Dos fatores externos que determinam a colonização, expansão e perpetuação de determinada espécie daninha, dois são considerados fundamentais: o estresse e o distúrbio (Grime, 2001). O estresse está ligado aos fatores que limitam o desempenho de crescimento das plantas, como a luz, a água e os nutrientes. O distúrbio se refere às características do sistema de cultivo agrícola.

Aparentemente, o fator distúrbio parece ter sido o principal causador do aumento da infestação de buva, especialmente por duas tecnologias dos sistemas atuais de produção: o plantio direto e a introdução das culturas geneticamente modificadas para resistência ao glyphosate.

Em relação ao plantio direto, quando se deixa de movimentar o solo, as sementes introduzidas após a implantação do sistema ficarão abrigadas na camada superficial do solo, o que facilita a emergência das plântulas oriundas de sementes pequenas. Além disto, neste sistema o solo tende a estar mais bem estruturado fisicamente além de geralmente oferecer uma menor amplitude térmica e hídrica, quando comparado ao cultivo convencional. Todas estas características podem ter sido benéficas às plantas de buva.

Já a introdução das culturas geneticamente modificadas para resistência ao glyphosate oportunizou o uso deste herbicida como pós-emergente seletivo em cultivos de grande área de abrangência em todo o mundo, como os de soja, milho, algodão e canola. A pressão de seleção proporcionada pelo glyphosate nas comunidades infestantes nestas áreas agrícolas resultou no aparecimento de diversos biótipos resistentes, onde as espécies de Conyza formam o maior grupo de resistência, tanto em número de casos quanto em área de infestação (Heap, 2011). No caso brasileiro, as principais áreas infestadas pela buva estão localizadas nos sistemas de produção de soja (cuja área de plantio é majoritariamente resistente ao glyphosate) na região sul do país. Coincidentemente, esta região foi a que primeiramente adotou a tecnologia da soja geneticamente modificada para resistência ao glyphosate. A pressão de seleção também pode ser notada pelo aumento das populações de buva em lavouras perenes, como as frutíferas, onde o incremento do uso do glyphosate também selecionou biótipos resistentes a este herbicida.

Finalmente, também se pode ponderar que a expansão da infestação de buva no Brasil, assim como nos demais países onde esta planta daninha é problema atualmente, foi facilitada pela não adoção das práticas de manejo integrado de plantas daninhas, principalmente a rotação de culturas, a rotação de herbicidas e de mecanismos de ação, o monitoramento das mudanças na flora e a prevenção da reprodução e disseminação inicial dos biótipos resistentes.

Referências

Fernandez, O., Las malezas y su evolución. *Ciência y Investigación*, 35(1):49–60, 1979.

Grime, J.P., *Plant Strategies and Vegetation Processes*. New Jersey, USA: John Wiley & Sons, 2001. 416 p.

Heap, I., The international survey of herbicide resistant weeds. 2011. Disponível na internet em: *http://www.weedscience.org*, acesso em 26 de novembro de 2011.

Holm, L., The role of weeds in human affairs. *Weed Science*, 19(5):485–490, 1971.

Pitelli, R.A., Interferência de plantas daninhas em culturas agrícolas. *Informe Agropecuário*, 11(129):16–27, 1985.

Pitelli, R.A. & Pavani, M.C.M.D., Feralidade vegetal e transgeníase. *Biotecnologia Ciência & Desenvolvimento*, 8(34):100–104, 2005.

Tropicos, , Conyza. 2011. Disponível na internet em: *http://www. tropicos.org/NameSearch.aspx?name=Conyza&commonname=*, acesso em 13 de novembro de 2011.

Capítulo 2

Histórico da Infestação de Buva Resistente a Herbicidas no Mundo e no Brasil

Hugo de Almeida Dan, Guilherme Braga Pereira Braz, Denis Fernando Biffe, Diego Gonçalves Alonso, Michel Alex Raimondi

1. Introdução

A buva (*Conyza* spp.) anteriormente considerada uma espécie infestante secundária, tornou-se uma das principais plantas daninhas distribuídas ao redor do mundo. As espécies do gênero *Conyza* se destacam devido à habilidade reprodutiva e à diversidade genética, o que facilita o aparecimento de biótipos com resistência a herbicidas e dificulta seu manejo.

O aumento da importância desta planta daninha como espécie infestante em áreas agrícolas decorre tanto da realização de práticas inadequadas na agricultura quanto de aspectos particulares da biologia destas plantas. A seguir é abordado um breve histórico relacionado ao aparecimento e estabelecimento da buva como planta invasora no mundo e no Brasil.

2. Origem e Disseminação do Problema

Embora seja considerada uma espécie de grande adaptabilidade, a princípio, plantas deste gênero eram observadas nos Estados Unidos em maior frequência em áreas de pouco distúrbio, tais como acostamento de estradas, carreadores e áreas sem prática agrícola. Entretanto, a redução no uso de práticas convencionais de plantio e a adoção dos sistemas conservacionistas de solo nas últimas décadas, principalmente o sistema de semeadura direta, contribuíram para o aumento da infestação destas espécies em áreas agrícolas, tornando-a um problema sem precedentes (Weaver, 2001), pois estas condições parecem favorecer a multiplicação desta planta daninha, além de intensificar o controle químico, favorecendo o surgimento de casos de resistência.

Os primeiros casos de resistência a herbicidas para espécies deste gênero foram descritos em 1980 para os herbicidas inibidores da fotossíntese (FS I – paraquat e diquat), no Japão, para as espécies *C. sumatrensis* e *C. canadensis*. Nove anos depois, biótipos de *C. bonariensis* resistentes a este mesmo mecanismo de ação foram também identificados no mesmo país. Na década de 80 também foram registrados na Europa os primeiros casos de

 ISBN 978-85-64619-06-7

resistência de buva (*C. canadensis* e *bonariensis*) aos herbicidas inibidores da fotossíntese (FSII).

Nos anos 90, as espécies *C. canadensis* e *C. bonariensis* passaram a apresentar biótipos com resistência aos herbicidas inibidores da ALS, na Polônia e Israel, respectivamente. Atualmente, há dezenas de relatos de biótipos de buva que apresentam resistência cruzada aos inibidores do fotossistema I e do fotossistema II, aos inibidores da ALS e aos derivados da glicina. O maior número de casos está relacionado à *C. canadensis* (13 países), seguido por *C. bonariensis* (10 países) e *C. sumatrensis* (5 países). Além dos casos de resistência cruzada, há também casos de resistência múltipla envolvendo os mecanismos acima descritos para *C. canadensis* e *C. bonariensis* (Heap, 2011).

Especificamente em relação à resistência ao glyphosate, nos Estados Unidos, apenas três anos de uso contínuo do glyphosate como única alternativa de controle pós-emergente em culturas resistentes foram suficientes para ocasionar as primeiras falhas de controle devido à resistência. Em função da intensidade da pressão de seleção, no ano de 2000 foi confirmado o primeiro caso de *C. canadensis* resistente ao glyphosate no estado de Delaware (Vangessel, 2001). Posteriormente, durante o ano de 2001, foi divulgada a ocorrência de biótipos resistentes ao glyphosate nos estados de Kentucky, Tennessee e Mississipi (Koger et al., 2004). Rapidamente estes biótipos foram disseminados em grande parte das regiões produtoras dos Estados Unidos, sendo possível encontrá-los atualmente em pelo menos 18 estados norte-americanos. Atualmente existem também relatos de biótipos de *C. bonariensis* resistentes ao glyphosate na África do Sul, Austrália, Brasil, Colômbia, Espanha, Estados Unidos, Israel e Portugal. Biótipos de *C. canadensis* resistentes ao glyphosate foram também confirmados no Brasil, China, Espanha, Estados Unidos e República Checa. Em relação à *C. sumatrensis*, o único caso de resistência ao glyphosate registrado no site do HRAC (Heap, 2011) foi relatado na Espanha.

3. A Buva no Brasil

Assim como nos Estados Unidos, historicamente, a buva não era considerada uma planta daninha de grande importância para a agricultura brasileira. Atualmente, esta espécie consiste em uma das mais problemáticas com relação ao manejo dentro dos sistemas agrícolas, especialmente entre aquelas que infestam as áreas de cultivo de grãos durante o período de entressafra, sendo que mais ao sul do Brasil podem infestar também os cultivos de verão.

No Brasil, o primeiro relato de plantas de buva com resistência ao glyphosate foi publicado por Moreira et al. (2007). Sementes produzidas por plantas com suspeita de resistência haviam sido coletadas durante o ano anterior em pomares de laranja do estado de São Paulo. Após a aplicação de doses crescentes de glyphosate e a comparação com biótipos susceptíveis, concluiu-se que tanto as plantas de *C. canadensis* quanto de as de *C. bonariensis* avaliadas apresentavam resistência ao glyphosate. Atualmente, a buva resistente ao glyphosate está disseminada ao longo de toda região produtora de laranja no estado de São Paulo, ocorrendo normalmente em densidades elevadas.

No entanto, nas safras de soja de 2004/2005 e 2005/2006 já haviam sido observados níveis insatisfatórios de controle de buva em diversas lavouras do estado do Rio Grande do Sul após o uso do glyphosate. Nestas áreas, o glyphosate estava sendo usado com sucesso na dessecação pré-semeadura, com controle eficiente da buva mesmo em estádios avançados de desenvolvimento vegetativo. O controle insatisfatório da buva com uso do glyphosate provocou a suspeita de que esta espécie havia desenvolvido resistência a esta molécula herbicida. Os resultados das investigações conduzidas por Vargas et al. (2007) permitiram concluir que cerca de 50% das plantas do biótipo de *Conyza bonariensis* investigado haviam adquirido resistência ao glyphosate (doses de até 5.760 g ha^{-1}), ao passo que doses de 360 g ha^{-1} de glyphosate eram suficientes para controlar o biótipo sensível em estádios iniciais de desenvolvimento vegetativo.

Além da particular capacidade de dispersão, outros fatores têm contribuído para o aumento na ocorrência desta planta daninha dentro dos sistemas agrícolas brasileiros, com destaque para a não adoção de rotação de culturas, aplicações contínuas e frequentes de herbicidas com mesmo mecanismo de ação, o que coincide com a adoção do glyphosate na soja RR®, e o baixo nível de conhecimento sobre a biologia e identificação das espécies (Lamego & Vidal, 2008).

No Brasil, a buva encontra-se disseminada praticamente em todas as regiões produtoras, apresentando maior ocorrência em cultivos de grãos nas regiões Sul e Sudeste, com alguns focos na região Centro-Oeste do País. A emergência desta planta daninha concentra-se no período entre o final do outono e o início da primavera, o que faz com que áreas em pousio e, ou cultivadas no inverno, apresentem explosões populacionais de buva (Yamashita & Guimarães, 2011).

As áreas onde esta planta daninha tem apresentado maior ocorrência são aquelas onde o distúrbio do solo é limitado e o controle de plantas daninhas é realizado basicamente com o herbicida glyphosate, como nas lavouras de soja e em áreas de frutíferas perenes (Vidal et al., 2007; Yamauti & Barroso, 2010). No Brasil, semelhante aos Estados Unidos, a constatação de biótipos de buva com resistência ao glyphosate ocorreu poucos anos (quatro) após a liberação da semeadura de soja transgênica com resistência a este herbicida, demonstrando a elevada pressão de seleção provocada pela aplicação repetida deste produto (Moreira et al., 2010).

Na região Centro-Oeste, além de ocupar áreas destinadas à produção de grãos, a buva também infesta pastagens degradadas, tornando-se mais um gargalo para o setor pecuarista (Moreira & Bragança, 2010). Entretanto, pouco se conhece sobre a biologia das espécies do gênero *Conyza* em áreas de Cerrado, embora tenha havido aumento consistente da frequência desta planta daninha nas áreas de cultivo intensivo. Na safra 2010/2011, houve relatos de ineficiência no controle de buva, mesmo com a utilização de altas doses de glyphosate, em algumas regiões produtoras de grãos do estado de Goiás, sendo que nas safras anteriores esta espécie era controlada por este herbicida. Os relatos de limitado controle desta espécie em áreas do Cerrado são um forte indicativo da seleção de biótipos de buva que apresentam resistência a este herbicida.

4. Considerações Finais

A buva é uma das mais importantes infestantes na agricultura brasileira. O aumento na sua importância parece estar relacionado historicamente ao aumento da pressão de seleção imposta pela limitada alternância de mecanismos de ação de herbicidas nos sistemas de cultivo. Este fato tem sido observado, principalmente, nas regiões Sul e Sudeste do Brasil. Por outro lado, o problema vem se estendendo para outras regiões, evidenciado a necessidade da adoção de táticas que visem à redução da pressão de seleção imposta pelos sistemas de manejo atuais.

Referências

Heap, I.M., International survey of herbicide resistant weeds. 2011. Disponível na internet em *http:// www.weedscience.com*, acesso em 14 de novembro de 2011.

Koger, C.H.; Poston, D.H.; Hayes, R.M. & Montgomery, R.F., Glyphosate-resistant horseweed (*Conyza canadensis*) in Mississippi. *Weed Technology*, 18(3):820–825, 2004.

Lamego, F.P. & Vidal, R.A., Resistência ao glyphosate em biótipos de *Conyza bonariensis* e *Conyza canadensis* no estado do Rio Grande do Sul, Brasil. *Planta Daninha*, 26(2):467–471, 2008.

Moreira, H.J.C. & Bragança, H.B.N., *Manual de Identificação de Plantas Infestantes – Cultivos de Verão*. 1ª edição, v. 2. Campinas, SP: FMC, 2010.

Moreira, M.S.; Melo, M.S.C.; Carvalho, S.J.P.; Nicolai, M. & Christoffoleti, P.J., Herbicidas alternativos para controle de biótipos de *Conyza bonariensis* e *C. canadensis* resistentes ao glyphosate. *Planta Daninha*, 28(1):167–175, 2010.

Moreira, M.S.; Nicolai, M.; Carvalho, S.J.P. & Christoffoleti, P.J., Resistência de buva (*Conyza canadensis* e *C. bonariensis*) ao herbicida glyphosate. *Planta Daninha*, 25(1):157–164, 2007.

Vangessel, M.J., Glyphosate-resistant horseweed from Delaware. *Weed Science*, 49(3):703–705, 2001.

Vargas, L.; Bianchi, M.A.; Rizzardi, M.A.; Agostinetto, D. & Dal Magro, T., Buva (*Conyza bonariensis*) resistente ao glyphosate na região Sul do Brasil. *Planta Daninha*, 25(3):573–578, 2007.

Vidal, R.A.; Kalsing, A.; Goulart, I.C.G.R.; Lamego, F.P. & Christoffoleti, P.J., Impacto da temperatura, irradiância e profundidade das sementes na emergência e germinação de *Conyza bonariensis* e *Conyza canadensis* resistentes ao glyphosate. *Planta Daninha*, 25(2):309–315, 2007.

Weaver, S.E., The biology of Canadian weeds, *Conyza canadensis*. *Canadian Journal of Plant Science*, 81(5):867–875, 2001.

Yamashita, O.M. & Guimarães, S.C., Germinação de sementes de *Conyza canadensis* e *C. bonariensis* em função da presença de alumínio no substrato. *Ciência Rural*, 41(4):599–601, 2011.

Yamauti, M.S. & Barroso, A.A.M., Controle químico de biótipos de buva (*Conyza canadensis* e *Conyza bonariensis*) resistentes ao glyphosate. *Revista Ciência Agronômica*, 41(3):495–500, 2010.

Capítulo 3

Aspectos da Biologia e da Germinação da Buva

Gizelly Santos, Alessandra Constantin Francischini,
Éder Blainski, Alexandre Gemelli, Maria de Fátima Pires Silva Machado

1. Classificação Botânica, Ocorrência e Principais Espécies

Conyza é um gênero da família *Asteraceae* que possui cerca de 50 espécies de plantas. Do ponto de vista da agricultura, as espécies *C. bonariensis* e *C. canadensis* são aquelas que mais se destacam como infestantes de cultivos (Kissmann & Groth, 1999). Em alguns locais também ocorre uma terceira espécie de importância agronômica como planta daninha – *Conyza sumatrensis*.

C. bonariensis é nativa da America do Sul, ocorrendo de forma abundante na Argentina, Uruguai, Paraguai e Brasil, onde a presença é mais intensa nas regiões Sul, Sudeste e Centro-Oeste. Presente também na Colômbia e Venezuela, onde infesta lavouras de café (Kissmann & Groth, 1999).

C. canadensis é uma das espécies mais distribuídas do mundo, sendo encontrada, principalmente, em regiões de clima temperado do hemisfério norte ou de clima subtropical do hemisfério sul (Kissmann & Groth, 1999). De qualquer forma, sabe-se que espécies do gênero *Conyza* apresentam grande capacidade de adaptação, o que lhes permite a ocorrência em diferentes condições edafoclimáticas.

C. sumatrensis parece ser originalmente das Américas, mas se espalhou para as regiões mais quentes de todos os continentes (Thebaud & Abbott, 1995).

Ao estudar a ocorrência de espécies de *Conyza* na Inglaterra, Wurzell (1988) observou que *C. bonariensis* ocorria normalmente nas frestas dos pavimentos da rua nos locais onde havia maior calor. *C. sumatrensis*, também considerada como uma espécie termófila, também é favorecida por locais áridos e ensolarados, mas com menor exigência de calor. *C. canadensis* é a menos exigente das três espécies e se desenvolve e reproduz em profusão em locais de temperatura mais baixa, embora ainda apresente adaptabilidade suficiente para se desenvolver nos mesmos locais onde ocorrem as outras duas. Wurzell (1988) descreve ainda o fato de que *C. canadensis* é frequentemente encontrada acompanhando *C. sumatrensis*, e que o vigor relativo da ocorrência de ambas é sem dúvida influenciado pela capacidade de retenção de calor do substrato onde elas crescem.

Constantin et al. (Eds.), Buva: Fundamentos e Recomendações para Manejo (2012) ISBN 978-85-64619-06-7

No Brasil, plantas das três espécies têm sido comumente denominadas de buva ou voadeira. O nome popular parece estar associado à principal forma de disseminação das sementes (pelo vento). A sinonímia em português inclui outros nomes como acatóia, capetiçoba, capiçoba, catiçoba, enxota, erva-lanceta, margaridinha-do-campo, rabo-de-foguete, rabo-de-raposa e salpeixinho (Lorenzi, 2000). Sinonímias dos nomes científicos também podem ser encontrados para as espécies *Conyza bonariensis* (*Erigeron bonariensis*, *C. albida*, *C. ambigua*, *C. floribunda*, *C. hispida*, *C. linearis*, *C. linifolia*, *C. plebeja*), e também para *Conyza canadensis* (*Erigeron canadensis*, *E. pusillus*, *Leptilon canadense*, *Marsea canadensis*). Em relação à *Conyza sumatrensis*, há relatos de sinonímias como *Baccharis ivifolia*, *C. altissima*, *C. nandin* e *Erigeron sumatrensis*, mas também como *C. albida* e *C. floribunda*. Segundo Pruski & Sancho (2006), *C. sumatrensis* é frequentemente identificada erroneamente como *Conyza bonariensis* e também como *Conyza canadensis*.

As semelhanças entre as espécies, a ocorrência de hibridação entre espécies distintas e de variedades dentro de algumas espécies, além da variabilidade morfológica das plantas têm evidentemente dificultado a correta identificação e distinção entre as três espécies. Chaves de classificação para identificação das principais espécies deste gênero podem ser encontradas nos trabalhos de Wurzell (1988) e de Pruski & Sancho (2006).

Em outras línguas, os nomes comuns variam em função das espécies. Abaixo encontra-se um resumo das principais sinonímias:

***C. bonariensis*:** Inglês: Flax-Leaved Fleabane, Wavy-leaf fleabane, Hairy Fleabane, Asthmaweed; Argentine fleabane. Alemão: Südamerikanischer katzenschweif. Francês: Cànem bord. Espanhol: Rama negra.

***C. canadensis*:** Inglês: Horseweed, Canadian fleabane, Canadian horseweed, Coltstail, Marestail; Butterweed. Alemão: Kanadisches berufkraut. Francês: Vergerette du Canada. Espanhol: Erígero del Canadá, hierba carnicera.

***C. sumatrensis*:** Inglês: Fleabane, Tall fleabane, Broad-leaved fleabane, White horseweed, Sumatran fleabane, Guernsey fleabane.

A buva é uma planta de ciclo anual ou bianual (no caso de *C. canadensis*), dependendo das condições ambientais (Regehr & Bazzaz, 1979) que se reproduz exclusivamente por sementes (Holm et al., 1997). No sul do Brasil, *C. bonariensis* é considerada uma espécie que germina no outono/inverno, com encerramento do ciclo no verão, caracterizando-se assim como uma planta daninha de inverno e verão (Vargas et al., 2007). Trata-se de planta extremamente prolífica, o que tem sido considerado como uma das explicações para a rápida disseminação e dispersão da buva. Plantas de *C. bonariensis* são capazes de produzir, em média, 110 mil sementes

(Wu & Walker, 2004), ao passo que *C. canadensis* produz de 135 a 200 mil sementes por planta (Bhowmik & Bekech, 1993; Dauer et al., 2007). Estas sementes são muito leves (0,00004 a 0,6 mg) (Holm et al., 1997) e, portanto, se dispersam facilmente pelo vento.

A dispersão das sementes é também facilitada por características anatômicas presentes nos aquênios (frutos), chamadas de "papus" (uma modificação do cálice de suas flores, constituída por ganchos e espinhos) que facilitam sua dispersão (Andersen, 1993). As estruturas conhecidas como "papus" auxiliam na dispersão porque podem aderir a pelos de animais, transportando as sementes a grandes distâncias.

Além disto, as sementes não apresentam dormência e podem germinar prontamente após a dispersão em condições de temperatura e umidade favoráveis. Mesmo não apresentando dormência, as sementes podem se manter viáveis no solo por períodos relativamente longos. Depois de manter sementes de *C. bonariensis* enterradas no solo por três anos, havia ainda $\approx$ 7,5%, 9,7%, e 1,3% de sementes viáveis a profundidades de 10, 5, e 0–2 cm, respectivamente (Wu et al., 2007).

Dados levantados por Dauer et al. (2007) indicam que as sementes podem ser dispersas a distâncias de pelo menos 500 m de distância a partir da população-fonte. Embora uma pequena porcentagem das sementes possa se mover a distâncias maiores, 99% das sementes são encontradas num raio de 100 m da fonte. Levando em conta os modelos teóricos de dispersão ajustados à uma infestação simulada de 5 ha de *C. canadensis* resistente a glyphosate, os autores concluíram que a dispersão das sementes poderia afetar propriedades num raio de 1,5 km de distância. Isto demonstra que a prevenção da infestação de novas áreas pela buva requer a integração de ações pró-ativas entre agricultores vizinhos no sentido de evitar o desenvolvimento de infestações resistentes à glyphosate e a outros herbicidas.

A habilidade de autopolinização da espécie aliada à grande produção de sementes facilmente dispersáveis são fatores que podem contribuir para a boa adaptabilidade ecológica, para a sobrevivência de biótipos resistentes de buva e para as altas infestações nos sistemas conservacionistas de solo (Moreira et al., 2007).

Outro aspecto relevante que pode contribuir para uma boa adaptabilidade ecológica e para a sobrevivência de biótipos resistentes de buva é o nível baixo de diferenciação genética encontrado entre populações de *Conyza bonariensis* e *C. canadensis*. No estado do Paraná, a análise do polimorfismo de isozimas esterases, malato desidrogenases, e fosfatases ácidas evidenciou uma variabilidade genética alta dentro de populações de *C. bonariensis* e de populações de *C. canadensis*, e uma diferenciação genética baixa entre as populações das duas espécies de buva (Mangolin et al., 2012). Os resultados deste estudo recente levaram à proposição de que não existe isolamento reprodutivo entre estas espécies. A falta de diferenciação genética pode indicar troca de alelos entre as populações das duas espécies, o que pode ocorrer em razão destas plantas ocuparem o mesmo espaço por longo período de tempo (Mangolin et al., 2012). Quando os aspectos reprodutivos desta espécie são levados em consideração, a expectativa seria de uma maior diferenciação entre elas, pois as duas espécies de *Conyza* são autocompatíveis e, aparentemente, não são polinizadas por insetos (Thebaud et al., 1996). *C. canadensis* é autocompatível (Mulligan & Findlay, 1970); o pólen é liberado antes que os capítulos se abram inteiramente, sugerindo autopolinização, embora insetos visitem as flores abertas (Smisek, 1995). Porém, quando Smisek (1995) utilizou plantas resistentes ao herbicida paraquat como marcadoras, constatou que o nível de autocruzamento dentro de uma população de *C. canadensis* foi de apenas 4% em média. Portanto, a autopolinização não parece ser a forma mais frequente de reprodução destas espécies. Estas evidências e as indicações de Smisek (1995) poderiam ser usadas para explicar a diferenciação entre as duas espécies de *Conyza* e também a ocorrência de hibridização entre *C. canadensis* e outras espécies do gênero *Conyza*, principalmente *C. sumatrensis* e *C. bonariensis*, pois estas geralmente crescem em populações associadas e ocorrem de forma frequente (Thebaud & Abbott, 1995).

Desta forma, é possível que a hibridização (troca de alelos) entre as populações das duas espécies de *Conyza* contribua para aumentar a variabilidade genética evidenciada por Mangolin et al. (2012) dentro de cada população. Populações com uma variabilidade genética alta podem conter uma quantidade suficientemente alta de variações adaptativas. Estas variações adaptativas contribuem para que algumas plantas escapem dos efeitos de agentes controladores, tais como herbicidas, por exemplo, favorecendo sua dispersão. Assim, é possível que para o controle de populações que apresentam variabilidade genética alta seja necessário adotar estratégias diversificadas, tais como tipos e doses diferentes de herbicidas. Por outro lado, a evidência de diferenciação genética baixa entre as populações das duas espécies indica a possibilidade de que estratégias similares de controle possam ser desenvolvidas para ambas as espécies.

Uma estratégia de manejo para plantas daninhas de difícil controle, como a buva, deve levar em conta a biologia das plantas, o que, por sua vez, requer o entendimento dos efeitos que estimulam a germinação das sementes, como luminosidade, temperatura, profundidade de semeadura, água, e também de outros fatores, tais como a forma como as populações estão geneticamente estruturadas.

O conhecimento destes fatores é importante para o entendimento do fluxo de emergência do banco de sementes e para orientar a adoção de práticas culturais e de manejo do solo que sejam desfavoráveis à emergência das plantas, além de possibilitar o desenvolvimento de outras formas de controle não químico.

2. Efeito da Luz e da Profundidade de Semeadura na Emergência das Plântulas

A luz é um fator importante na germinação de algumas espécies, sendo considerada em certos casos como um fator que restringe ou induz ao estímulo para germinação. Quando a germinação só ocorre na presença de luz, a espécie é chamada de fotoblástica positiva. Neste caso, o pigmento envolvido na sensibilidade à luz é denominado de fitocromo. Existem duas formas do fitocromo, simbolizadas por Fv (fitocromo vermelho) que absorve a luz vermelha, e Fvd (fitocromo vermelho-distante) que absorve a luz no comprimento vermelho-distante. O Fv (forma inativa) é ativado pela luz vermelha, convertendo-se na forma Fvd (forma ativa), promovendo assim a germinação da maioria das sementes fotoblásticas positivas. Algumas espécies necessitam de ausência de luz para iniciar a germinação. Neste caso, a forma ativa do citocromo é a Fvd, e o processo de estímulo é exatamente o oposto ao descrito anteriormente. Estas espécies são conhecidas como fotoblásticas negativas. Existem ainda as sementes indiferentes, ou seja, aquelas cuja germinação não é influenciada pela luz.

Em geral, a luz tem efeito expressivo no processo de germinação de muitas espécies de plantas daninhas que apresentam sementes pequenas, que são dispersas na superfície do solo, como as de buva. Sementes deste tipo quando dispostas em camadas mais profundas do solo recebem pequena ou nenhuma incidência de luz, inibindo a germinação das mesmas. Por outro lado, sementes dispostas na superfície do solo estão expostas à incidência plena de luz, facilitando o processo de germinação. Isto demonstra que a dinâmica de populações de espécies fotoblásticas positivas depende do posicionamento destes diásporos no perfil do solo, bem como da existência de cobertura vegetal na superfície do terreno.

Segundo Tremmel & Peterson (1983), a emergência de *C. canadensis* diminuiu em 90% a partir de sementes enterradas a 1 cm abaixo da superfície do solo, em comparação a sementes posicionadas na superfície do solo. Resultado similar foi obtido por Vangessel (2001), Nandula et al. (2006) e Wu et al. (2007), que não verificaram emergência a partir de sementes enterradas à profundidade maior do que 0,5 cm.

A elevada emergência de sementes de buva posicionadas na superfície do solo parece estar relacionada à exposição direta à luz; à medida que a profundidade de posicionamento da semente no solo aumenta, a intensidade do estímulo luminoso é reduzida, limitando, assim, a germinação. Outro fator que concorre para a redução da emergência com o aumento da profundidade das sementes no solo é a pequena quantidade de reservas existente nas sementes, o que limita sua capacidade em transpor uma camada maior de solo.

É possível, portanto, diminuir a germinação e emergência de sementes de buva mediante a incorporação das sementes ao solo em maiores profundidades, o que sugere que métodos mecânicos de preparo de solo podem ser utilizados como ferramenta para manejo de áreas infestadas com estas plantas. Por outro lado, sistemas de cultivo que não revolvem o solo tendem a concentrar as sementes na superfície do solo, onde se encontram mais expostas ao estímulo para germinação.

3. Efeito da Temperatura na Germinação

Além da profundidade de posicionamento no solo e do efeito da luz, a temperatura é um dos principais fatores que interferem na germinação e na emergência da buva, pois exerce influência na velocidade de absorção de água e em todas as reações bioquímicas que governam a germinação das sementes.

O conhecimento sobre a amplitude de temperatura em que as sementes de uma planta daninha são capazes de germinar é essencial, uma vez que permite inferir as regiões geográficas que podem potencialmente ser colonizadas com sucesso por esta espécie, bem como as épocas do ano em que podem ocorrer fluxos de germinação de maior importância.

Para sementes de *C. bonariensis*, as temperaturas, mínima e máxima, para a germinação foram estimadas em 4,2°C e 35°C, respectivamente (Rollin & Tan, 2004) e a temperatura ótima estimada foi de 20°C (Wu et al., 2007).

Sementes de *C. canadensis* germinam facilmente sob ciclos de temperatura (dia:noite) de 22:16°C (Buhler & Hoffman, 1999), mas não germinam quando as temperaturas são inferiores a 12:6°C (Nandula et al., 2006). A temperatura mínima para germinação de sementes de *C. canadensis* foi estimada em 13°C por Steinmaus et al. (2000).

No caso de *C. sumatrensis*, as sementes requerem temperaturas entre 10 e 25°C e luz para germinar (Zinzolker et al., 1985) em ambiente de laboratório. Estudos relacionados ao efeito da temperatura e fotoperíodo realizados na Universidade Estadual de Maringá com sementes de *C. sumatrensis* coletadas a partir de plantas identificadas nas localidades de Campo Mourão (PR) e Floresta (PR), mostram que na ausência de luz as sementes não germinaram, independente da temperatura na qual foram mantidas. No entanto, sementes expostas continuamente à luz (fotoperíodo de 24 horas de luz) e a temperaturas constantes de 15, 20, 25, 30 ou 35°C, germinaram e, dentre estas temperaturas, os maiores índices de germinação foram observados a 20 e 25°C (Figura 1).

Com o intuito de verificar o efeito da temperatura na velocidade de germinação, também avaliou-se o índice de velocidade de germinação (IVG) das sementes de *C. sumatrensis* (Tabela 1). Nota-se pelo IVG, que a temperatura ótima encontrada para a germinação das sementes expostas continuamente à luz de luz foi de 25 °C. Em experimentos posteriores, manteve-se a temperatura constante de 25 °C e avaliou-se o efeito da alternância de

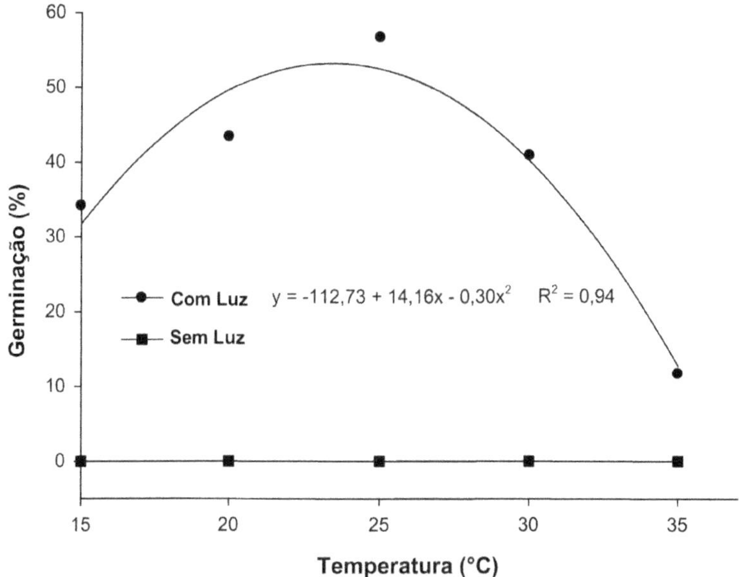

Figura 1. Germinação de sementes de *Conyza sumatrensis* sob temperaturas constantes na ausência ou presença de luz.

fotoperíodos (presença/ausência de luz) de 24/0; 0/24; 8/16; 10/14; 12/12 e 14/10. Concluiu-se que a taxa de germinação é diretamente proporcional ao aumento do período de luz diária aos quais as sementes são expostas (Figura 2).

A confirmação deste fato pode ser observada pelos valores do índice de velocidade de germinação (IVG). Maiores índices foram alcançados por sementes que ficaram expostas a maiores períodos de luz (Tabela 2).

Concluiu-se que para *C. sumatrensis* os fatores temperatura e luz são fundamentais para a germinação das sementes, e esta constatação apresenta semelhanças aos dados publicados para *C. bonariensis* e *C. canadensis*, as quais, em geral, germinam sob temperaturas entre 10 e 30 °C, sendo consideradas temperaturas ótimas aquelas entre 20 e 25 °C.

4. Potencial e Disponibilidade de Água no Solo

Como mostrado até agora, os fatores profundidade de semeadura, luz e temperatura são importantes para a germinação das sementes de buva.

Tabela 1. Índice de velocidade de germinação (IVG) de sementes de *Conyza sumatrensis* em função de temperatura e luminosidade.

Temperatura (°C)	Luz			
	Presente		Ausente	
15	1,18	BCa	0,00	Ab
20	1,56	Ba	0,00	Ab
25	2,75	Aa	0,00	Ab
30	0,59	CDa	0,00	Ab
35	0,26	Da	0,00	Ab
CV = 49%	DMS= 0,64			

Médias seguidas de mesma letra maiúscula na coluna e minúscula na linha, não diferem entre si a 5% de probabilidade pelo teste de Tukey.

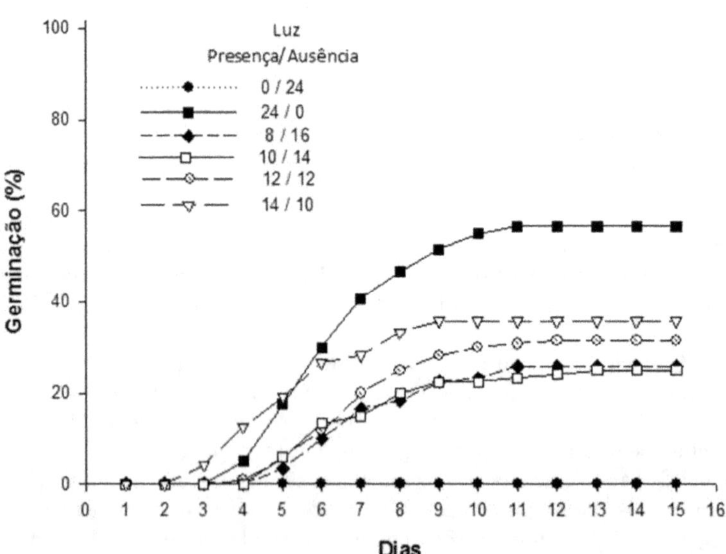

Figura 2. Germinação acumulativa de *Conyza sumatrensis* na presença de diferentes fotoperíodos, sob temperatura constante de 25 °C.

Tabela 2. Índice de velocidade de germinação (IVG) de sementes de *Conyza sumatrensis* em função da alternância de fotoperíodos (presença/ausência de luz).

Luz (horas)		**IVG**	
Presente	**Ausente**		
0	24	0	c
24	0	2,75	a
8	16	1,11	b
10	14	1,13	b
12	12	1,40	b
14	10	2,16	ab
CV = 33,15%		DMS= 1,06	

Médias seguidas de mesma letra na coluna, não diferem entre si a 5% de probabilidade pelo teste de Tukey.

Porém, a água também é um dos fatores vitais para a germinação destas plantas.

Ao avaliar potenciais de água variando entre 0 e -0,80 MPa, Nandula et al. (2006) demonstraram que os maiores índices de germinação de sementes de *C. canadensis* foram verificados nos maiores potenciais (entre 0 e -0,10 MPa) ao passo que, sob menores potenciais (entre -0,20 e -0,80 MPa), constatou-se redução significativa na germinação das sementes. Resultados semelhantes também foram relatados por Yamashita & Guimarães (2010). Os autores verificaram que houve redução na germinação e na velocidade de germinação tanto de sementes *C. canadensis* quanto de *C. bonariensis* em potenciais de água menores que -0,20 MPa, sendo que no potencial de -0,40 MPa houve redução de 50% da germinação e no potencial de -0,60 MPa não foi constatada germinação de sementes. Em suma, os experimentos revelaram que tanto a germinação total quanto a velocidade de germinação das sementes de buva foram reduzidas com a diminuição da disponibilidade hídrica, para potenciais menores que -0,20 MPa.

O efeito do estresse hídrico também foi observado em experimentos realizados na Universidade Estadual de Maringá, em trabalhos visando à caracterização e controle da buva. O objetivo de um dos experimentos foi avaliar o efeito da aplicação de diferentes lâminas de água na germinação e emergência de sementes de *C. sumatrensis* posicionadas na superfície do solo, colocadas sob cobertura de 1,5 t ha^{-1} de palha de milho.

Ao avaliar-se a germinação de *C. sumatrensis* sob lâminas de água que simulavam precipitações de 96, 66, 50 e 138 mm (correspondentes à simulação da pluviosidade média dos meses de junho, julho, agosto e setembro nos últimos 32 anos para a cidade de Maringá, PR), observou-se aumento no número de plantas germinadas com o aumento da lâmina aplicada (Figura 3). Estes resultados corroboram com os descritos por Nandula et al. (2006) e Yamashita & Guimarães (2010), nos quais observou-se o aumento no número de plantas germinadas com o aumento da disponibilidade de água.

Figura 3. Emergência de *Conyza sumatrensis* após aplicação de diferentes lâminas de água. As lâminas de 50 mm e 138 mm referem-se às médias dos últimos 32 anos de precipitação da cidade de Maringá (PR), para os meses de agosto e setembro, respectivamente. Foto: Gizelly Santos (2011).

Em resumo, é possível que em anos nos quais ocorra a combinação de temperaturas adequadas e de maiores precipitações no período de germinação da buva, também ocorram maiores fluxos de emergência desta planta. Tais condições climáticas são comuns no sul do Brasil no período de outono e inverno e também na região dos Cerrados no período de outono, justamente no período onde se cultiva o milho safrinha, o que pode ajudar a explicar as infestações de buva que emergem ao longo do ciclo desta cultura.

Embora o déficit hídrico possa levar à redução da germinação das sementes de buva, a limitação da disponibilidade de água parece não ser tão limitante após a emergência das plantas, uma vez que espécies como *C. canadensis* e *C. bonariensis* toleram bem condições de seca ao longo do ciclo e continuam crescendo e produzindo sementes em condições consideradas estressantes para o desenvolvimento de culturas de interesse econômico.

5. Efeito do pH na Germinação

Outro fator que pode influenciar na germinação das sementes de buva é o pH. Pesquisas realizadas em laboratório por Nandula et al. (2006) mostraram que a germinação das sementes de *C. canadensis* variou entre 29 e 36% em soluções com pH variando de 6 a 10, e foi reduzida para 19% com pH de 4 e 5. Em geral, as espécies de *Conyza* spp. se adaptam melhor a pH entre 6 e 10 e a taxa de germinação é reduzida drasticamente em pH igual ou menor que 5. Estes estudos sugerem que a buva tende a germinar melhor em solos de pouco ácidos e alcalinos, em relação a solos mais ácidos. O pH ideal para germinação da buva é semelhante à faixa de pH recomendada para o cultivo de espécies de interesse econômico, o que pode facilitar o seu estabelecimento em grande parte dos solos agricultáveis do Brasil.

6. Fluxos de Emergência da Buva no Paraná

Nas regiões de Floresta, Campo Mourão e Campina da Lagoa, todas localizadas no norte/oeste do Estado do Paraná, a germinação da buva no período de entressafra, ocorre principalmente entre os meses de junho a setembro (Figura 4). Observa-se que a germinação acontece de maneira escalonada neste período, ou seja, ela não se concentra em apenas um período específico. O fluxo escalonado de emergência garante à buva a capacidade de gerar sucessivos ciclos de reinfestação durante o período de entressafra, que vai da colheita do milho safrinha até o momento da semeadura da cultura da soja.

Esta constatação tem implicações importantes para o manejo desta planta daninha no período de entressafra, pois neste caso uma intervenção pontual não será suficiente para garantir seu controle ao longo deste período. Assim, deve-se buscar alternativas que proporcionem controle não só das plantas emergidas, mas que também tenham efeito sobre o banco de sementes do solo e que ajudem na prevenção da emergência de novos fluxos.

7. Considerações Finais

O elevado número de sementes produzido por planta e a eficiente dispersão dos propágulos têm contribuído para a colonização de novas áreas pela buva. Por outro lado, esta planta encontrou nas áreas de pouco distúrbio do solo, como aquelas submetidas ao plantio direto, condições ideais para germinação, crescimento e desenvolvimento, em função do posicionamento

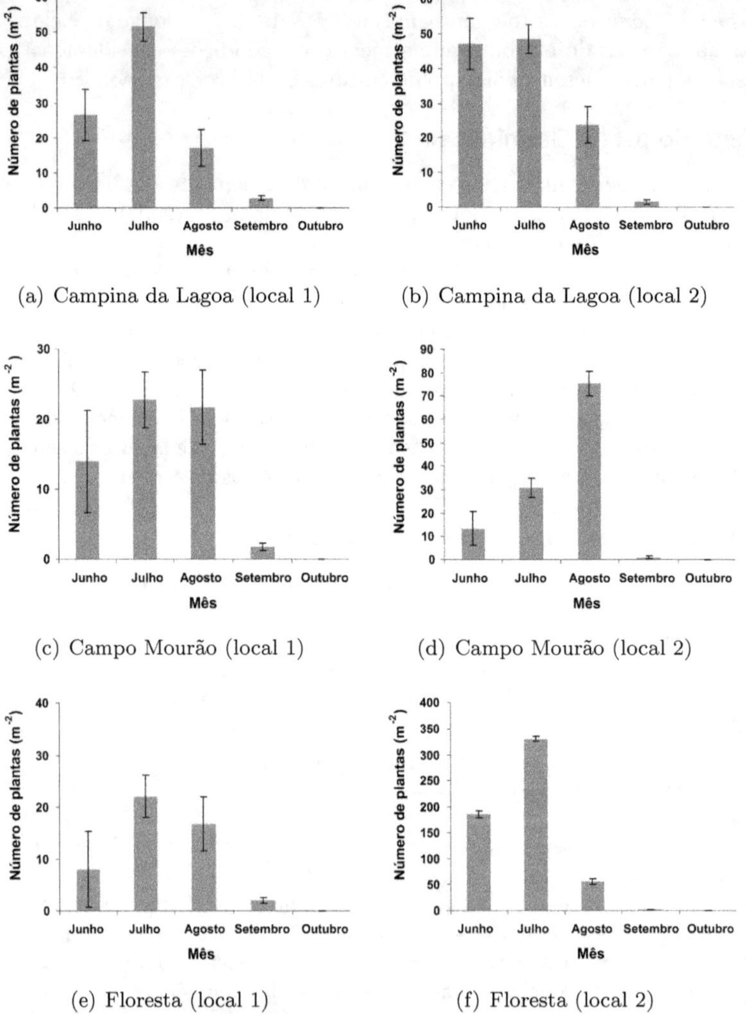

(a) Campina da Lagoa (local 1)

(b) Campina da Lagoa (local 2)

(c) Campo Mourão (local 1)

(d) Campo Mourão (local 2)

(e) Floresta (local 1)

(f) Floresta (local 2)

Figura 4. Densidade de plantas de buva (plantas m^{-2}) emergidas entre os meses de junho e outubro em diferentes localidades do Estado do Paraná, no período de entressafra de 2009. As barras representam o desvio-padrão das médias. Fonte: Blainski (2011).

das sementes na superfície do solo. Particularmente no caso das regiões norte e oeste do Paraná, a presença de solos corrigidos, a ocorrência de invernos amenos e chuvosos e o grande período de entressafra que antecede o cultivo de verão têm proporcionado à buva condições ideais de germinação. Tais condições têm levado a um fluxo escalonado de emergência desta planta daninha entre junho e setembro, o que, por sua vez, explica o fato desta espécie ter se tornado uma das mais importantes no manejo que antecede a cultura de verão.

Referências

Andersen, M.C., Diaspore morphology and seed disperal in several wind-dispersed Asteraceae. *American Journal of Botany*, 80(5):487–492, 1993.

Bhowmik, P.C. & Bekech, N.N., Horseweed (*Conyza canadensis*) seed production, emergence, and distribution in no-till and conventional-tillage corn (*Zea mays*). *Agronomy (Trends in Agricultural Sciences)*, 1(2):67–71, 1993.

Blainski, E., *Herbicidas Alternativos para o Controle de* Conyza *spp. em Diferentes Estádios de Desenvolvimento e Monitoramento de Fluxos de Emergência em Campo.* Dissertação de mestrado em Agronomia – Proteção de Plantas, Universidade Estadual de Maringá, Maringá (PR), 2011. 71 p.

Buhler, D.D. & Hoffman, M.L., *Andersen's Guide to Practical Methods of Propagating Weeds and Other Plants.* Lawrence, USA: Weed Science Society of America, 1999. 248 p.

Dauer, J.T.; Mortensen, D.A. & Vangessel, M.J., Temporal and spatial dynamics of long-distance *Conyza canadensis* seed dispersal. *Journal of Applied Ecology*, 44(1):105–114, 2007.

Holm, L.; Doll, J.; Holm, E.; Pancho, J. & Herberger, J., *World Weeds. Natural Histories and Distribution.* New York, USA: John Wiley & Sons, 1997. 1129 p.

Kissmann, K.G. & Groth, D., *Plantas Infestantes e Nocivas.* 2ª edição, v. II. São Paulo, SP: BASF, 1999. 978 p.

Lorenzi, H., *Plantas Daninhas do Brasil. Terrestres, Aquáticas, Parasitas e Tóxicas.* Nova Odessa, SP: Instituto Plantarum, 2000. 608 p.

Mangolin, C.A.; Oliveira Jr., R.S. & Machado, M.F.P.S., Genetic diversity in weeds. In: Fernandez, R.A. (Ed.), *Herbicides – Environmental Impact Studies and Management Approaches.* Rijeka, Croatia: Intech, p. 223–248, 2012.

Moreira, M.S.; Nicolai, M.; Carvalho, S.J.P. & Christoffoleti, P.J., Resistência de buva (*Conyza canadensis* e *C. bonariensis*) ao herbicida glyphosate. *Planta Daninha*, 25(1):157–164, 2007.

Mulligan, G.A. & Findlay, J.N., Reproductive systems and colonization in Canadian weeds. *Canadian Journal of Botany*, 5(5):859–860, 1970.

Nandula, V.K.; Eubank, T.W.; Poston, D.H.; Koger, C.H. & Reddy, K.N., Factors affecting germination of horseweed (*Conyza canadensis*). *Weed Science*, 54(5):898–902, 2006.

Pruski, J.F. & Sancho, G., *Conyza sumatrensis* var. *leiotheca* (Compositae: Astereae), a new combination for a common neotropical weed. *Novon*, 16(1):96–101, 2006.

Regehr, D.L. & Bazzaz, F.A., The population dynamics of *Erigeron canadensis*, a sucessional winter annual. *Journal of Ecology*, 67(3):923–933, 1979.

Rollin, M.J. & Tan, D., Fleabane: first report of glyphosate resistant flax-leaf fleabane from Western Darling Downs. 2004. Disponível em: *http://www.weeds.crc.org.au/documents/fleabane_proceedings%20_mar_04.pdf*, acesso em: 18 de abril de 2010.

Smisek, A.J.J., *The Evolution of Resistance to Paraquat in Populations of* **Erigeron canadensis**. Master thesis, University of Western Ontario, London, Ontario, Canada, 1995. 102 p.

Steinmaus, S.J.; Prather, T.S. & Holt, J.S., Estimation of base temperatures for nine weed species. *Journal of Experimental Botany*, 51(343):275–286, 2000.

Thebaud, C. & Abbott, R.J., Characterization of invasive *Conyza* species (Asteraceae) in Europe: quantitative trait and isozyme analysis. *American Journal of Botany*, 82(2):360–368, 1995.

Thebaud, C.; Finzi, A.C.; Affre, L.; Debussche, M. & Escarre, J., Assessing why two introduced *Conyza* differ in their ability to invade Mediterranean old fields. *Ecology*, 77(3):791–804, 1996.

Tremmel, C.D. & Peterson, K.M., Competitive subordination of a piedmont old field successional dominant by an introduced specie. *American Journal of Botany*, 70(8):1125–1132, 1983.

Vangessel, M.J., Glyphosate-resistant horseweed from Delaware. *Weed Science*, 49(3):3, 2001.

Vargas, L.; Bianchi, M.A.; Rizzardi, M.A.; Agostinetto, D. & Dal Magro, T., Buva (*Conyza bonariensis*) resistente ao glyphosate na região sul do Brasil. *Planta Daninha*, 25(3):573–578, 2007.

Wu, H. & Walker, S., Fleabane: Fleabane biology and control. 2004. Disponível em: *http://www.weeds.crc.org.au/documents/fleabane.pdf*, acesso em 20/10/2011.

Wu, W.; Walker, S.; Rollin, M.J.; Tan, D.K.Y.; Robinson, G. & Werth, J., Germination, persistence, and emergence of flaxleaf fleabane (*Conyza bonariensis* [L.] Cronquist). *Weed Biology and Management*, 7(1):192–199, 2007.

Wurzell, B., *Conyza sumatrensis* (Retz.) E. Walker established in England. *Watsonia*, 17(1):145–148, 1988.

Yamashita, O.M. & Guimarães, S.C., Germinação de sementes de *Conyza canadensis* e *C. bonariensis* em função da disponibilidade hídrica no substrato. *Planta Daninha*, 28(2):309–317, 2010.

Zinzolker, A.; Kigel, J. & Rubin, B., Effects of environmental factors on the germination and flowering of *Conyza albida*, *C. bonariensis* and *C. canadensis*. *Phytoparasitica*, 13(3/4):229–230, 1985.

Capítulo 4

Interferência da Buva em Sistemas de Cultivo

Antonio Mendes de Oliveira Neto, Éder Blainski,
Luiz Henrique Moraes Franchini, Fabiano Aparecido Rios,
João Guilherme Zanetti de Arantes

1. Introdução

Todas as plantas demandam recursos essenciais como água, luz, calor, oxigênio e elementos minerais em quantidades adequadas para completarem seu ciclo de vida. Assim, quando duas ou mais espécies se desenvolvem concomitantemente em um mesmo local no qual a disponibilidade de recursos é limitada se estabelece um processo de competição.

Ao longo da história vários autores conceituaram competição, todavia, todos eles concordaram de alguma forma que a competição é uma disputa entre a cultura e as plantas daninhas pelos recursos limitados do meio (água, luz, nutrientes) em determinado local e tempo.

Algumas espécies também podem interferir no desenvolvimento de outras espécies por meio da liberação de compostos alelopáticos. Compostos alelopáticos são substâncias liberadas no meio que podem interferir no desenvolvimento de outras plantas. Além disto, as plantas daninhas podem afetar indiretamente no desenvolvimento das culturas, sendo hospedeiras de pragas, doenças ou nematóides, depreciando a qualidade do produto final ou dificultando a operação de colheita.

É sabido que a competição é nociva tanto para as plantas cultivadas quanto para as plantas daninhas. Porém, as plantas cultivadas geralmente são mais sensíveis a este processo, principalmente devido ao constante processo de melhoramento ao qual são submetidas. Por outro lado, as plantas daninhas mantiveram as características de agressividade que lhes conferem vantagens durante o processo competitivo.

De acordo com Pitelli (1985), os efeitos negativos sobre as culturas derivados da presença das plantas daninhas, não podem ser atribuídos exclusivamente à competição imposta por estas, mas também aos efeitos indiretos (como a alelopatia, entre outros). Este efeito global é denominado de interferência e refere-se ao conjunto de ações que afeta uma determinada cultura em decorrência da presença da comunidade infestante local.

Pode-se dizer que quanto maior for o período de convivência entre a cultura e as plantas daninhas maior será o grau de interferência. Este,

 ISBN 978-85-64619-06-7

por sua vez, depende das manifestações de fatores ligados à comunidade infestante, à própria cultura e à época e extensão da convivência entre ambas, podendo ser alterado pelas condições do solo, clima e manejo.

Neste capítulo serão abordados aspectos relacionados aos prejuízos do processo de interferência da buva com as plantas cultivadas.

2. Alelopatia e Danos Indiretos da Buva

A buva pode ter significativo efeito alelopático sobre plantas cultivadas. Gao et al. (2009) demonstraram que extratos aquosos de plantas de *C. canadensis* foram capazes de reduzir drasticamente a germinação de sementes de sorgo, trigo, pepino, nabo e mostarda. Neste trabalho, o extrato radicular da buva apresentou maior efeito inibitório em relação à solução oriunda da parte aérea. O maior efeito alelopático das raízes em relação à parte aérea também é observado para extratos aquosos de *C. sumatrensis* e o nível de inibição da germinação é diretamente proporcional à concentração dos extratos (Wang et al., 2010). Neste trabalho observou-se também que há correlação entre a alelopatia da buva e sua abundância relativa em diferentes habitats: a abundância e a cobertura do solo por espécies nativas decrescem com o aumento da abundância de cobertura de *C. sumatrensis*, o que sugere que o sucesso na capacidade de invasão de novos habitats pela buva pode estar relacionado também ao seu potencial alelopático.

A presença da buva em lavouras por ocasião da colheita também pode levar à redução na qualidade do produto colhido, devido ao aumento de impurezas e da umidade, o que consequentemente reduz o valor recebido pelo agricultor no processo de comercialização do seu produto. Gazziero et al. (2010) observaram que quando as plantas de buva permaneciam verdes no momento da colheita da soja e ficavam em contato com os grãos de soja, houve aumento na umidade dos grão de soja de até 7%, dependendo da densidade de infestação da planta daninha. Nesse mesmo trabalho, observou-se que nas áreas infestadas com buva houve um aumento de até 6% nas impurezas.

3. Interferência da Buva em Espécies Cultivadas

A buva demonstra elevado potencial competitivo, sendo capaz de reduzir a produtividade de culturas mesmo em baixas densidades de infestação. Patel et al. (2010) conduziram trabalhos no sentido de determinar os níveis de dano econômico de plantas de buva em convívio com a cultura da soja. Foram avaliadas três épocas de implantação da buva em relação à soja (81, 39 e 0 dias antes da semeadura – DAS) combinadas com oito densidades de semeadura da buva (de 0 a 92 plantas m^{-2}). Os principais resultados estão sumarizados na Tabela 1.

Tabela 1. Nível de dano econômico (NDE) (plantas m^{-2}) de buva na cultura da soja em função da época de implantação da planta daninha (dias antes da semeadura da soja – DAS), da produtividade esperada, do preço da saca de soja e do custo do tratamento. Fonte: Patel et al. (2010).

Produtividade esperada (t ha^{-1})	**Implantação da buva (DAS)**		
	0	39	81
	Densidade buva (plantas m^{-2}) p/ atingir NDE		
2,0	2,82	0,47	0,32
2,5	2,26	0,37	0,26
3,0	1,88	0,31	0,21
3,5	1,61	0,27	0,18
4,0	1,41	0,23	0,16
Preço da saca de soja (R$)	**Implantação da buva (DAS)**		
	0	39	81
	Densidade buva (plantas m^{-2}) p/ atingir NDE		
30,00	1,98	0,33	0,22
35,00	1,69	0,28	0,19
40,00	1,48	0,24	0,17
45,00	1,32	0,22	0,15
50,00	1,19	0,20	0,13
Custo tratamento (R$ ha^{-1})	**Implantação da buva (DAS)**		
	0	39	81
	Densidade buva (plantas m^{-2}) p/ atingir NDE		
55,00	1,21	0,20	0,14
60,00	1,31	0,22	0,15
65,00	1,42	0,24	0,16
70,00	1,53	0,25	0,17
75,00	1,64	0,27	0,19

Quando se simulou a infestação da buva antes da semeadura da soja (39 e 81 DAS), densidades menores que 0,5 plantas m^{-2} já justificariam o controle químico, independente da produtividade, preço da saca e do custo do tratamento adotado para o controle. Por outro lado, quando a semeadura da infestante foi simultânea à semeadura da soja, a cultura mostrou-se mais competitiva em relação à buva. Mesmo assim, considerando o cenário de produtividade média do estado do Paraná na safra 2010/2011 (3417 kg ha^{-1}), infestações de buva que emergissem na entressafra (39 a 81 dias antes da semeadura de verão) em densidades entre 0,2 e 0,3 plantas m^{-2} já seriam suficientes para atingir o nível de dano econômico e, por conseguinte, demandar a utilização de métodos de controle. Previsão semelhante é obtida levando em conta o preço atual da saca de soja.

Este trabalho ilustra bem o potencial de interferência da buva em relação à cultura da soja e serve como alerta sobre a importância do manejo adequado desta espécie, uma vez que mesmo quando presente em baixa infestação é capaz de reduzir significativamente a produtividade da cultura. Além disto, outro fato agravante, principalmente na região sul, é que a buva inicia sua emergência bem antes da época de semeadura da cultura da soja, o que tende a acentuar ainda mais seu potencial competitivo.

Assim como outras espécies de plantas daninhas, a buva apresenta elevado potencial competitivo com a cultura da soja, pelo fato de apresentar grande capacidade em explorar os recursos do ambiente. Uma infestação de apenas de 12,2 hastes m^{-2} de buva convivendo com a cultura da soja desde a emergência até a colheita da soja tem a capacidade de reduzir a produtividade da cultura em mais de 700 kg ha^{-1}. Em condições extremas, onde se observa densidade de infestação de 55,6 hastes de buva m^{-2}, a redução da produtividade da soja foi ainda maior, situando-se por volta de 1500 kg ha^{-1} (Figura 1).

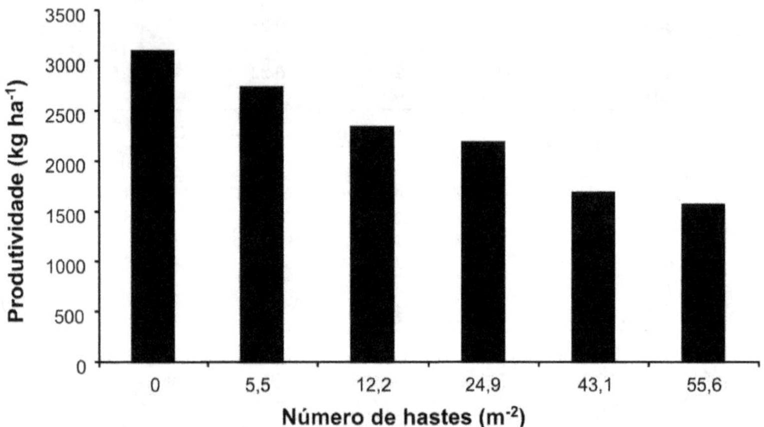

Figura 1. Produtividade da cultura da soja em função do número de hastes de buva. Fonte: Gazziero et al. (2010).

O potencial de interferência da buva em outras culturas também tem sido relatado. No algodoeiro, a buva também tem sido considerada uma planta daninha problemática pelas perdas significativas causadas à cultura. Pesquisa realizada nos Estados Unidos levou à conclusão de que uma população de 20 plantas m^{-2} de buva convivendo com a cultura do algodão da emergência até a colheita, causou redução de produtividade da ordem de 46% (Steckel et al., 2009). Na Alemanha, há relatos de que a competição imposta por esta planta daninha é bastante severa e chega a ser capaz de reduzir a produtividade da cultura da beterraba em 64%. Nos estado de Dakota do Norte e no Centro-Norte dos Estados Unidos, a buva também é muito problemática em campos de produção de sementes de gramíneas nativas como *Agropyron* e *Bouteloua* (Holm et al., 1997).

4. Considerações Finais

A análise dos dados disponíveis até o momento demonstra que a buva apresenta alta capacidade de interferência nas espécies cultivadas, o que justifica economicamente o seu controle mesmo quando está presente em baixas densidades de infestação. Além dos prejuízos diretos relacionados à competição, a buva pode promover danos indiretos associados à redução na qualidade do produto colhido. O sucesso da buva na colonização de novas áreas pode estar relacionado a sua capacidade de inibir a germinação de outras espécies nativas por meio de efeitos alelopáticos.

Referências

Gao, X.; Li, M.; Gao, Z.; Zhang, H. & Sun, Z., Allelopathic effects of *Conyza canadensis* the germination and growth of wheat, sorghum, cucumber, rape and radish. *Allelopathy Journal*, 23(2):287–296, 2009.

Gazziero, D.L.P.; Adegas, F.S.; Voll, E.; Vargas, L.; Karam, D.; Matallo, M.B.; Cerdeira, A.L.; Fornaroli, D.A.; Osipe, R.; Spengler, A.N. & Zoia, L., Interferência da buva em áreas cultivadas com soja. In: *Resumos do 27º Congresso Brasileiro da Ciência das Plantas Daninhas*. Ribeirão Preto, SP: FUNEP, p. 1555–1558, 2010.

Holm, L.; Doll, J.; Holm, E.; Pancho, J. & Herberger, J., *World Weeds: Natural Histories and Distribution*. New York, USA: John Wiley & Sons, 1997. 1129 p.

Patel, F.; Trezzi, M.M.; Mioto Jr., E. & Debastiani, F., Nível de dano econômico de buva (*Conyza bonariensis*) na cultura da soja. In: *Resumos do 27º Congresso Brasileiro da Ciência das Plantas Daninhas*. Ribeirão Preto, SP: FUNEP, p. 1670–1673, 2010.

Pitelli, R.A., Interferência das plantas daninhas nas culturas agrícolas. *Informe Agropecuário*, 11(29):16–27, 1985.

Steckel, L.E.; Craig, C.C. & Hayes, R.M., Glyphosate-resistant horseweed (*Conyza canadensis*) growth, seed production, and interference in cotton. *Weed Science*, 57(3):346–350, 2009.

Wang, C.; Dang, H.S. & Tan, S.D., Study on allelopathy and invasiveness of *Conyza sumatrensis* in the three Gorges reservoir of the Yangtze river. *Journal of Wuhan Botanical Research*, 28(1):90–98, 2010.

Capítulo 5

Controle Cultural

Antonio Mendes de Oliveira Neto, Gizelly Santos,
Michel Alex Raimondi, Denis Fernando Biffe, Fabiano Aparecido Rios

1. Introdução

O manejo das plantas daninhas existe desde que o homem começou a produzir plantas para o seu sustento. No início, quando atuava de maneira extrativista, não havia preocupação com as plantas que estavam naquele ambiente. Quando passou a cultivá-las, passou a existir a preocupação com as plantas indesejáveis.

Ao longo da história da agricultura, observa-se que há bem pouco tempo o homem dispõe de produtos químicos realmente eficientes para o controle de plantas daninhas e que, na maior parte da existência humana, o combate às plantas daninhas foi realizado por meio de uma série de outras técnicas que se mostraram suficientes para manter um nível de produção adequado às necessidades (Constantin, 2011).

A escolha do método de controle das diversas espécies de plantas daninhas na área de interesse deve levar em conta as condições locais para o uso de mão-de-obra e equipamentos, sem se esquecer de aspectos ambientais e econômicos (Silva et al., 2007). Os métodos de controle abrangem desde o arranque manual das plantas até o uso de ondas eletromagnéticas para exterminar as sementes no solo (Deuber, 1992).

O mais importante componente no manejo das infestantes é a própria cultura, ou seja, a cultura é o principal método de controle das plantas daninhas. Uma cultura bem implantada, sadia e vigorosa possui alto poder de competição, dificultando o surgimento e o desenvolvimento das plantas daninhas, visto que estas têm dificuldade em se instalar e competir em culturas que já estejam ocupando um determinado ambiente (Constantin, 2011). Assim, os métodos de manejo visam apenas propiciar uma vantagem para a cultura no início de seu desenvolvimento, já que após esta fase inicial a própria cultura é capaz de controlar o mato por si só, principalmente por meio do sombreamento, ganhando o processo competitivo e reduzindo o potencial reprodutivo das plantas daninhas (Pitelli & Durigan, 2001).

Neste capítulo, discute-se como o controle cultural pode ser uma ferramenta relevante no manejo de buva, principalmente dentro de um sistema de manejo integrando diferentes métodos de controle.

Constantin et al. (Eds.), Buva: Fundamentos e Recomendações para Manejo (2012) ISBN 978-85-64619-06-7

2. Controle Cultural como Ferramenta para o Controle da Buva

O controle cultural consiste no uso de práticas que incrementem o desenvolvimento e o poder de competição da cultura, diminuindo substancialmente a interferência das plantas daninhas. Estas práticas também podem ajudar na eliminação de plantas daninhas reduzindo o banco de sementes do solo. As principais medidas de controle cultural são: escolha de cultivares, espaçamento e densidade de semeadura, época de semeadura, rotação de culturas, cobertura morta, adubação verde, preparo do solo, adubação e correção do solo, entre outros.

A adoção de sistemas conservacionistas, como a semeadura direta, é uma das formas de controle cultural mais utilizadas. Quando este sistema é adequadamente planejado e executado, pode ser um aliado no manejo desta planta daninha, uma vez que dentre os fundamentos que norteiam este sistema estão a rotação de culturas e a utilização de plantas para a formação de palhada.

A utilização de cobertura morta, quando em quantidade e distribuição satisfatória, atua como uma barreira restritiva à emergência da buva em condições de campo. Em trabalho na Universidade Estadual de Maringá, avaliou-se a interação entre seis níveis de cobertura sobre o solo (0, 2, 4, 6, 8 e 10 t de matéria seca ha^{-1}) e quatro espécies cultivadas (aveia, *Brachiaria ruziziensis*, *B. decumbens* e milho) sobre a emergência da buva.

A primeira constatação importante é que em todas as situações estudadas houve emergência de buva, ou seja, ela foi capaz de emergir mesmo sob uma densa camada de palha. A situação mais restritiva à emergência da buva foi a ausência de palhada, ou seja, sem nenhum tipo de cobertura sob o solo. Isto se deve à exposição direta das sementes à radiação e ao calor, o que as desidrata, aliada ao rápido ressecamento da camada superficial do solo, o que restringe a germinação da buva.

A condição mais favorável à emergência da buva foi a cobertura equivalente a 2,0 t ha^{-1} de palhada, independentemente da espécie cultivada. A cobertura do solo proporcionada por este nível de palhada é a condição ideal para a emergência da buva, pois a distribuição desta quantidade de palha não é suficiente para restringir a chegada de radiação solar na superfície do solo e ainda permite a manutenção da umidade adequada do solo para a germinação e emergência da buva (Figura 1). A situação de desuniformidade na distribuição da palhada sobre o solo assemelha-se muito às condições pós-colheita em áreas de milho safrinha do Paraná, sendo esta condição favorável para o sucesso da buva como infestante nestas áreas. Nas áreas onde se cultiva trigo ou aveia no inverno, o solo apresenta-se coberto de maneira mais uniforme na entressafra. Tal distribuição, associada ao menor período de tempo entre a colheita e a semeadura da safra verão, tem resultado em menores problemas com a buva nestas áreas, quando comparadas às áreas nas quais se cultivou milho safrinha.

Figura 1. Detalhe de como uma cobertura de palha rala sobre o solo pode favorecer a emergência da buva. Foto: Gizelly Santos (2011).

Níveis de palha sobre o solo a partir de 6 t ha^{-1} foram suficientes para reduzir o número de plantas emergidas, sem, contudo, serem suficientes para inibir totalmente sua emergência. A Figura 2 ilustra esta situação e mostra que, embora uma quantidade de palha de 6,0 t ha^{-1} propicie cobertura relativamente uniforme do solo, ainda existem algumas frestas por onde a buva é capaz de emergir.

Nas regiões norte e oeste do Paraná, uma interessante alternativa que está sendo adotada para prover cobertura do solo na entressafra é o cultivo da braquiária em consórcio com o milho safrinha. Embora existam variações no sistema, até o momento os melhores resultados têm sido obtidos com a semeadura simultânea de *B. ruziziensis* nas entrelinhas do milho, normalmente cultivado num espaçamento de 90 cm entre linhas. O desenvolvimento da braquiária é normalmente limitado pela aplicação de subdoses de herbicidas visando à supressão do crescimento inicial, o que minimiza a interferência no milho. Após a colheita do milho, a plena incidência de luz propicia o rápido crescimento da braquiária, o que assegura ampla cobertura do solo no período da entressafra. O consórcio milho-braquiária produz biomassa suficiente para gerar coberturas do solo acima de 8 toneladas matéria seca ha^{-1}. Em algumas localidades do Paraná, alguns agricultores têm também utilizado a semeadura da aveia a lanço logo após a colheita do milho safrinha como forma de manter o solo coberto na

Figura 2. Buva emergida na palhada de *Brachiaria ruziziensis*. Foto: Gizelly Santos (2011).

entressafra. No entanto, uma vez que a semeadura é feita após a colheita do milho safrinha, existe a possibilidade de já existirem plantas de buva emergidas, o que limita a utilidade desta prática no visando o manejo da buva. Outra limitação deste sistema é o fato de que há necessidade de um mínimo de chuvas após a semeadura, justamente no período mais seco do ano.

Na região sul, a emergência da buva se concentra nas estações de outono e inverno (junho a setembro), sendo assim a escolha do sistema de cultivo a ser implantado nesse período tem reflexo direto na infestação da buva na safra subsequente. Um exemplo disso foi apresentado por Bianchi et al. (2008), que compararam a infestação de buva em duas áreas distintas, uma onde se cultivou o trigo como cultura de inverno e outra que permaneceu em pousio no mesmo período. A diferença na densidade de plantas de buva emergidas nas duas áreas foi enorme, ficando evidente que a utilização de uma cultura como o trigo, com maior capacidade de cobertura do solo e com distribuição da palhada mais uniforme é uma ferramenta que pode contribuir significativamente para o manejo da buva. Nesta situação foi contabilizada uma densidade média de buva de 2,2 plantas m^{-2} contra 26,7 plantas m^{-2} na área que permaneceu em pousio no inverno.

Os benefícios da utilização de culturas de inverno ao invés do pousio ou milho safrinha não se limitam apenas em reduzir a densidade de plantas de buva que emergem. Outra vantagem tão importante quanto esta diz respeito ao tamanho das plantas de buva após a colheita da safra de inverno. Gazziero et al. (2010) demonstraram que em área de aveia as plantas de buva não ultrapassavam 20 cm de altura após a colheita desta cultura, sendo que a maioria teve altura inferior a 10 cm. Em contrapartida, nas áreas de milho safrinha foram mensuradas plantas com altura superior a 20 cm (24% do total) e a maioria das plantas estava com altura entre 11 e 20 cm (Tabela 1). O simples fato de as plantas estarem com tamanho menor após a colheita facilita sobremaneira o controle químico.

Tabela 1. Distribuição percentual das plantas de buva por tamanho em áreas cultivadas com milho e aveia. Fonte: Gazziero et al. (2010).

Cultivo	**Tamanho da buva**		
	< 10 cm	11 a 20 cm	> 20 cm
Aveia	64	36	0
Milho	20	56	24

Além da utilização de cobertura vegetal, a utilização de sistemas convencionais de preparo do solo é outra forma de manejo que pode ser utilizada para o controle da buva. O controle mecânico, baseado no revolvimento do solo com a utilização de arados e/ou grades, tem demonstrado bons resultados, pois, após a movimentação do solo, as sementes que se encontravam na superfície do solo são incorporadas a camadas mais profundas e nesta condição a buva apresenta emergência nula ou muito limitada. Além da incorporação das sementes, o preparo do solo elimina as plantas que já haviam emergido antes do preparo do solo. Embora represente uma alternativa de método de controle, o revolvimento do solo apresenta limitações nas áreas de plantio direto, justamente aquelas nas quais têm sido encontrados os maiores problemas com a buva. Além disto, com o passar dos anos, o constante revolvimento do solo resultaria em uma distribuição uniforme dos propágulos na camada de preparo do solo, o que acabaria por limitar a eficiência desta prática, uma vez que sementes enterradas em anos anteriores voltariam à superfície do solo. Desta forma, o revolvimento do solo poderia ser uma prática a ser utilizada de maneira pontual, prioritariamente em áreas de elevação densidade de infestação, e que deveria ser complementada com medidas adicionais de controle, evitando-se a utilização contínua deste método.

3. Integração entre o Controle Cultural e o Químico

A adoção de técnicas de manejo no período de entressafra (período entre a colheita do milho safrinha e a semeadura da soja no verão) que conciliem o controle químico de ação total associado a herbicida com atividade residual, combinados com o controle cultural, como a utilização de plantas de cobertura de inverno, é parte fundamental para o manejo de biótipos de buva resistentes à glyphosate (Oliveira Neto et al., 2010).

Todos os métodos de controle quando utilizados isoladamente têm se mostrado pouco eficientes no controle de plantas daninhas, de tal maneira que sempre acabam selecionando novos problemas. Todavia, a associação de dois ou mais métodos de controle aumenta muito as chances de sucesso no manejo desta espécie de difícil controle.

No caso da buva, há bons exemplos de sucesso quando se concilia de maneira racional o controle cultural com o controle químico. No trabalho conduzido por Gazziero et al. (2010), os autores avaliaram os mesmos tratamentos herbicidas em duas áreas distintas, uma cultivada com aveia no inverno e outra com milho safrinha. O fato de estas culturas terem capacidade distinta de suprimir a buva fez toda a diferença na eficiência do controle químico, por exemplo, o mesmo tratamento (glyphosate + saflufenacil - 720 + 27 g e.a. ou i.a. ha^{-1}) proporcionou 93,3 e 79,5% de controle aos 81 dias após a aplicação para as áreas de aveia e milho, respectivamente.

Segundo Oliveira Neto et al. (2010), a combinação de manejo outonal pós-colheita do milho safrinha com a semeadura de aveia para cobertura do solo na entressafra (agosto a outubro) traz benefícios não só para o controle da buva, mas também para outras plantas daninhas como o picão-preto (*Bidens pilosa*).

As escolhas relacionadas à variedade mais adaptada, época e espaçamento adequados e adubação correta da espécie cultivada no verão têm grande influência no controle adequado da buva, principalmente no caso da soja. Após a realização do manejo de entressafra ou do manejo pré-semeadura, o rápido crescimento inicial da cultura leva ao fechamento mais precoce das entrelinhas, promovendo sombreamento das plantas de buva, o que facilita o seu controle, diminui a rebrota e a produção de sementes e limita assim o aumento da densidade de infestação nos anos subsequentes.

4. Considerações Finais

O controle cultural é um dos métodos de controle de plantas daninhas mais importantes e no caso da buva isto não é diferente. Dentre todas as medidas que compõe o método cultural, a utilização de cobertura morta (palhada) é uma das possibilidades mais promissoras para o manejo de buva, sendo capaz de reduzir a infestação na área e manter as plantas dentro de uma faixa de tamanho (plantas menores que 15 cm) que favorece o controle na dessecação de manejo que antecede a semeadura de verão. Entretanto, o melhor cenário em termos de controle da buva ocorre quando são associadas medidas culturais de controle (rotação de culturas, cobertura morta, variedade adequada, época de semeadura ideal, espaçamento e densidade de semeadura adequada) com o uso de herbicidas.

Referências

Bianchi, M.A.; Vargas, L. & Rizzardi, M.A., Manejo e controle de plantas daninhas resistentes ao glifosato no Brasil. In: Karam, D.; Mascarenhas, M.H.T. & Silva, J.B. (Eds.), *A Ciência das Plantas Daninhas na Sustentabilidade dos Sistemas Agrícolas*. Sete Lagoas, MG: SBCPD - EMBRAPA Milho e Sorgo, v. 1, p. 223–231, 2008.

Constantin, J., Métodos de manejo. In: Oliveira Jr., R.S. & Constantin, J. (Eds.), *Biologia e Manejo de Plantas Daninhas*. Curitiba, PR: Omnipax Editora, p. 67–77, 2011.

Deuber, R., *Ciência das Plantas Daninhas: Fundamentos*. Jaboticabal, SP: FUNEP, 1992. 430 p.

Gazziero, D.L.P.; Adegas, F.S.; Voll, E.; Vargas, L.; Fornarolli, D.; Karam, D.; Cerdeira, A.L.; Matallo, M.B.; Osipe, R.; Zoia, L. & Spengler, A.N., Manejo de buva em áreas cultivadas com milho safrinha e aveia. In: *Resumos do 27º Congresso Brasileiro da Ciência das Plantas Daninhas*. Ribeirão Preto, SP: FUNEP, p. 1564–1569, 2010.

Oliveira Neto, A.M.; Constantin, J.; Oliveira Jr., R.S.; Guerra, N.; Dan, H.A.; Alonso, D.G.; Blainski, E. & Santos, G., Estratégias de manejo de inverno e verão visando ao controle de *Conyza bonariensis* e *Bidens pilosa*. *Planta Daninha*, 20(especial):1107–1116, 2010.

Pitelli, R.A. & Durigan, J.C., Ecologia de plantas daninhas no sistema de plantio direto. In: Rossello, R.D. (Ed.), *Siembra Directa en el Cono Sur*. Montevidéo, Uruguay: IICA, 1ª edição, p. 203–210, 2001.

Silva, A.A.; Ferreira, A.F.; Ferreira, L.R. & Santos, J.B., Métodos de controle de plantas daninhas. In: Silva, A.A. & Silva, J.F. (Eds.), *Tópicos em Manejo de Plantas Daninhas*. Viçosa, MG: UFV, p. 62–82, 2007.

Capítulo 6

Manejo da Buva na Entressafra

Jamil Constantin, Rubem Silvério de Oliveira Jr.,
Antonio Mendes de Oliveira Neto, Éder Blainski, Naiara Guerra

1. Introdução

O controle químico é, sem dúvida, o principal método de controle de plantas daninhas empregado ao redor do mundo. O impacto da sua introdução foi tão significativo que depois da síntese da primeira molécula herbicida na década de 40, o crescimento na demanda de informações e de uso destes insumos no controle de plantas daninhas levou à consolidação da área de Ciência das Plantas Daninhas como um novo ramo da Proteção de Plantas.

A grande aceitação do controle químico deve-se em grande parte aos seguintes motivos:

(a) menor dependência de mão-de-obra, que é cada vez mais escassa e dispendiosa;

(b) é eficiente mesmo em épocas chuvosas;

(c) controla as plantas daninhas na linha da cultura sem prejudicar o sistema radicular;

(d) possibilita a adoção de sistemas conservacionistas, como o cultivo mínimo e o sistema de semeadura direta;

(e) possibilita o controle de plantas daninhas de reprodução vegetativa;

(f) permite a semeadura a lanço e, ou a redução do espaçamento nas entrelinhas.

Em consequência da consolidação das áreas de semeadura direta e da agregação de novas áreas produtivas, aliadas à ampla gama de herbicidas eficazes disponíveis, a utilização de herbicidas cresceu significativamente nas últimas décadas. Assim, mesmo dentro de um programa de manejo integrado de plantas daninhas, os herbicidas representam ainda a principal ferramenta de controle.

Com a intensa utilização de herbicidas, outro ponto que tem crescido em importância é a resistência de plantas daninhas e estes produtos. O uso recorrente de um determinado herbicida ou mecanismo de ação na mesma área tem levado à seleção de populações resistentes e, consequentemente,

 ISBN 978-85-64619-06-7

a falhas de controle. Neste cenário, a planta daninha resistente de maior importância no Brasil é a buva.

A seguir são discutidos os principais aspectos relacionados ao controle químico de buva na entressafra, sob diferentes situações normalmente encontradas nas regiões produtoras de grãos do Brasil.

2. Definições Sobre Manejo de Entressafra e Manejo Outonal

O manejo de entressafra pode ser caracterizado como qualquer operação que tenha por finalidade controlar as plantas daninhas durante o período compreendido entre a colheita de uma cultura e a semeadura da espécie cultivada em sucessão.

Segundo Almeida (1991), entre os sistemas conservacionistas, a semeadura direta tem como característica a eliminação das plantas daninhas ou de cobertura com a aplicação de herbicidas antes da semeadura da cultura. Esta operação substitui as operações de revolvimento e preparo do solo, também destinadas ao controle das plantas daninhas. O controle da cobertura vegetal presente antes da semeadura é comumente chamado de manejo e, normalmente, é feito com herbicidas sistêmicos de amplo espectro, como o glyphosate, com bons resultados de controle (Souza et al., 2000). Esta operação é normalmente realizada de 7 a 15 dias antes da semeadura da cultura em áreas com plantas daninhas, ou de 20 a 30 dias antes da semeadura em áreas cultivadas com espécies de cobertura, como a aveia, ou onde se pratica o consórcio de milho com braquiária.

Em algumas situações, os agricultores lançam mão de controlar a buva na operação de manejo pré-semeadura da cultura de verão, por meio da aplicação sequencial de herbicidas em um curto período de tempo, geralmente em um intervalo de 7 a 15 dias. Em alguns casos, o uso de certos herbicidas pode requerer períodos um pouco mais longos, de 20 a 30 dias. Por definição, esta modalidade de aplicação se enquadra como manejo de pré-semeadura e não como manejo outonal.

O termo manejo outonal passou a ser utilizado em meados da década de 80, como uma derivação do manejo de entressafra, para denominar a operação de manejo que era praticada em áreas que permaneciam em pousio após a safra de verão. Esta modalidade de manejo surgiu como forma de reduzir a produção de sementes nas épocas do ano onde o solo não está coberto por espécies cultivadas. A importância desta modalidade de manejo é diretamente proporcional ao período de tempo entre a colheita e a semeadura da espécie cultivada em sucessão. Normalmente a intervenção com herbicidas ocorria durante a estação do outono, sendo este o motivo pelo qual tal modalidade passou a ser chamada de manejo outonal.

Conceitualmente, portanto, pode-se definir manejo outonal como o conjunto de medidas de controle de plantas daninhas realizado no período de entressafra, quando o período entre a colheita e a semeadura é relativamente longo. O manejo outonal apresenta aspectos importantes, como:

- É realizado com a aplicação de herbicidas em plantas daninhas em estádios de desenvolvimento mais precoces, o que aumenta o número de opções de herbicidas e diminui as doses necessárias para se alcançar controle eficiente;
- Visa à prevenção da produção de propágulos das plantas daninhas durante a entressafra, contribuindo para a redução da densidade dos bancos de sementes do solo;
- Diminui a pressão de infestação na espécie cultivada a seguir no verão, reduzindo a interferência precoce e facilitando o controle;
- Apresenta-se como importante alternativa no caso de espécies de difícil controle, inclusive daquelas que apresentam tolerância e resistência a determinados herbicidas ou mecanismos de ação.

O manejo outonal é principalmente recomendado para áreas onde o período de entressafra é longo, proporcionando às plantas daninhas a oportunidade de emergir e produzir sementes. Ao longo dos anos este tipo de manejo foi caindo no esquecimento, principalmente em função da maioria dos produtores de grãos ter passado a realizar duas safras por ano, eliminando assim o pousio outonal.

Todavia, com o agravamento dos problemas de buva resistente ao glyphosate, esta modalidade de manejo voltou a ser importante, principalmente em áreas onde se cultiva o milho na safrinha, e continuou a ser denominada de manejo outonal, mesmo sendo realizada na maioria das vezes em outra estação (inverno ou primavera).

No caso de áreas de buva resistente ao glyphosate, não é aconselhável esperar a emergência e crescimento de todas as plantas, pois as aplicações de herbicidas sobre plantas grandes resultam em baixa eficiência. Isto tem levado à utilização de herbicidas para o manejo outonal logo após a colheita, quando as plantas de buva ainda estão pequenas. Nas áreas onde se cultiva milho safrinha, tais aplicações acontecem no final do outono ou no início de inverno.

Uma vez que após tais aplicações ainda há um período de tempo relativamente longo até a semeadura de verão, tem sido usual a associação de herbicidas não seletivos com herbicidas residuais nesta modalidade de controle.

O manejo outonal como estratégia para o manejo da buva atende a um dos pressupostos básicos para o manejo de plantas daninhas, que é o de intervir com uma medida de controle no momento em que a planta daninha é mais susceptível. Conforme apresentado anteriormente, em condições de campo a buva emerge principalmente nos meses de junho a setembro. Logo após a emergência, ela se encontra no estádio em que o controle químico é mais fácil, em função do tamanho das plantas, sendo este justamente o período no qual é feito o manejo outonal.

O manejo outonal vem sendo utilizado para o controle de buva principalmente na região sul do Brasil em duas situações. A primeira situação é em áreas de pousio, onde por algum motivo o produtor optou em não fazer a segunda safra. Nesta situação a buva tem condições de emergir e de se desenvolver sem nenhuma restrição durante o outono e o inverno, tornando-se posteriormente um problema para o agricultor na semeadura da cultura de verão. Áreas de pousio no inverno são mais comuns no estado do Rio Grande do Sul, em comparação ao Paraná. A segunda situação na qual o manejo outonal vem sendo utilizado é no período entre a colheita do milho safrinha e a semeadura da cultura da soja (Figura 1). Esta situação é mais comum nas regiões oeste e norte do estado do Paraná.

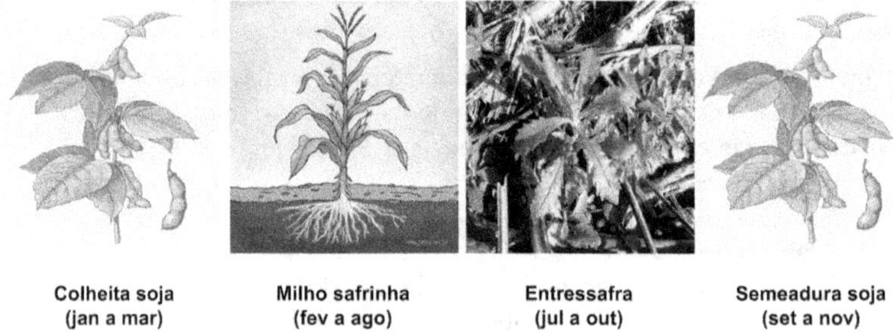

Figura 1. Representação da sucessão de cultura soja-milho safrinha-soja muito utilizada nas regiões oeste e norte do estado do Paraná.

Nas regiões oeste e norte do Paraná, em áreas onde se cultiva milho safrinha, a duração do período de entressafra até o próximo cultivo de verão está diretamente relacionado à época em que a colheita do milho é realizada, sendo que este período pode durar de 45 a 90 dias. Nestas regiões, didaticamente pode-se dividir a colheita do milho safrinha em duas épocas, sendo que milho de primeira época é aquele em que a colheita é realizada no máximo até a primeira quinzena de julho (entressafra maior que 60 dias) e o milho de segunda época é aquele colhido a partir da segunda quinzena de julho (entressafra menor que 60 dias).

A divisão didática das épocas de colheita é de fundamental importância, pois cada época de colheita demanda um manejo diferenciado na entressafra. No milho colhido mais cedo (primeira época) geralmente o pico de emergência da buva ocorre após sua colheita, ao passo que no milho de segunda época o pico de emergência da buva ocorre ainda durante o final do ciclo da cultura.

3. Relação entre o Tamanho das Plantas de Buva e a Eficácia do Controle em Aplicações em Pós-emergência

Uma vez que a buva emerge principalmente durante o outono e o inverno, é comum observar elevadas infestações nas áreas de milho safrinha e trigo, as quais se encontram entre 4 folhas a 5 cm de altura por ocasião da colheita. Isto se deve ao fato do sombreamento imposto pelas culturas dificultar o crescimento da buva. No entanto, após a colheita do milho safrinha ou trigo, tem sido observado que a buva consegue rapidamente se desenvolver chegando a apresentar mais de 50 cm de altura.

Em áreas onde a buva resistente ao glyphosate vem apresentando dificuldade de ser controlada, tem sido adotada como estratégia o uso de herbicidas com mecanismo de ação diferente do glyphosate, aplicados isoladamente ou em mistura com o próprio glyphosate. Mesmo em locais com problemas de resistência, a recomendação de glyphosate vem sendo mantida em função do fato da buva não ocorrer de forma isolada e do amplo espectro de ação deste herbicida.

Outro ponto importante do glyphosate está relacionado ao fato de sua adição na mistura melhorar consideravelmente o desempenho dos demais herbicidas, ou seja, um determinado herbicida aplicado em mistura com glyphosate na maioria dos casos proporciona melhor controle da buva em comparação à sua aplicação isolada.

No caso da buva, tem sido observado que seu tamanho exerce papel fundamental na eficiência dos herbicidas. O tamanho das plantas no momento da aplicação determinará qual ou quais herbicidas devem ser aplicados para que se consiga obter controle eficiente. O seu controle é relativamente mais fácil em estádios iniciais de desenvolvimento, e à medida que se desenvolve, menor número de opções eficientes de controle químico está disponível. Em função de a buva apresentar elevado potencial competitivo com as culturas (ver Capítulo 4), deve-se buscar nível de controle o mais alto possível, visando minimizar o potencial de rebrota das plantas, de modo que tais rebrotas não venham a constituir um problema ainda mais complexo posteriormente.

Quando se opta por realizar o controle químico da buva em estádio inicial de desenvolvimento, com até no máximo 8 cm de altura, se observa que existe maior número de tratamentos herbicidas disponíveis que apresentam elevados níveis de controle em comparação aos estádios mais avançados. No caso de buva com até 16 cm, o controle se torna mais difícil, mas ainda há certa disponibilidade de tratamentos herbicidas que apresentam controle eficiente, podendo-se destacar amônio-glufosinato, MSMA, glyphosate+2,4-D, glyphosate+amônio-glufosinato e amônio-glufosinato+2,4-D. No entanto, quando a buva se apresenta maior que 16 cm de altura no momento da aplicação, as opções de tratamentos herbicidas se tornam mais restritas (Tabela 1 e Figura 2).

Tabela 1. Porcentagens de controle de buva aos 28 dias após a aplicação (DAA) (ou 13 dias após a segunda aplicação – DASA – no tratamento com sequencial) de tratamentos herbicidas, em diferentes estádios de desenvolvimento. Floresta (PR), 2008. Fonte: Blainski et al. (2009).

Tratamentos	Doses	Altura da buva no momento da aplicação								
	(g e.a. ou i.a. ha^{-1})	8 cm			8 a 16 cm			16 a 20 cm		
Glyphosate[1]	720	84,25	B	a	63,75	D	b	53,75	D	c
2,4-D[1]	1340	87,66	B	a	73,25	C	b	53,75	D	c
Amônio-glufosinato[2]	500	96,25	A	a	89,75	B	a	80,75	B	b
MSMA[2]	2370	100,00	A	a	100,00	A	a	95,25	A	a
Glyphosate+metsulfuron-methyl[1]	720+3,6	90,00	B	a	76,50	C	b	66,25	C	c
Glyphosate+2,4-D[1]	720+1005	99,25	A	a	91,75	B	a	79,00	B	b
Glyp.+2,4-D[1]/[diuron+paraquat][2, 3]	720+1005/[200+400]	100,00	A	a	100,00	A	a	99,00	A	a
Glyphosate+amônio-glufosinato[1]	720+500	100,00	A	a	100,00	A	a	95,00	A	a
Glufosinato+2,4-D[1]	500+1005	100,00	A	a	98,75	A	a	96,25	A	a
Testemunha sem herbicida	—	0,00	C	a	0,00	E	a	0,00	E	a
CV= 8,34%										

[1] Aplicado em conjunto com Assist 0,5% v v^{-1}.
[2] Aplicado em conjunto com Agral 0,2% v v^{-1}.
[3] Aplicação sequencial realizada 15 dias após a primeira aplicação.
+ indica mistura em tanque; / indica aplicação sequencial e [ ] indica mistura formulada.
Médias seguidas da mesma letra maiúscula na coluna e minúscula na linha pertencem ao mesmo grupo pelo teste de agrupamento de médias de Scott-Knott a 5% de probabilidade.

Figura 2. Influência do tamanho da buva na eficácia do controle químico aos 28 DAA (ou aos 13 DASA, no caso da aplicação sequencial). Fonte: Blainski et al. (2009).

Em plantas pequenas de buva com até 10 cm de altura, o herbicida saflufenacil, associado ao Dash (0,5% v v^{-1}) também tem proporcionado níveis de controle acima de 90%. No entanto, em ocasiões onde as plantas se apresentam maiores, saflufenacil não apresenta bom desempenho isolado, sendo eficiente apenas quando aplicado em mistura com glyphosate. Para plantas de buva entre 15 e 25 cm de altura, a aplicação de glyphosate+saflufinacil chegou a apresentar controle de 95%. No entanto, nas plantas com altura próxima de 25 cm, não ocorre a morte da buva, observando-se rebrota posteriormente. Portanto, mesmo para glyphosate+saflufenacil, os melhores níveis de controle são obtidos quando a aplicação é realizada com a buva ao redor de 15 cm de altura (Belani et al., 2010a,b; Osipe et al., 2010).

No entanto, para o controle de buva em estádio mais avançado de desenvolvimento, acima de 20 cm de altura, uma única aplicação pontual muitas vezes não é suficiente para garantir controle satisfatório. Nestes casos, a aplicação sequencial é a mais recomendada, sendo uma boa opção a utilização de herbicidas sistêmicos na primeira aplicação. Na segunda aplicação, produtos com ação de contato aplicados de 7 a 15 após a primeira aplicação têm proporcionado os melhores resultados, uma vez que as plantas se encontram sob o estresse fisiológico da primeira aplicação, o que pode limitar a translocação. Quando se utiliza o saflufenacil na segunda aplicação, o intervalo de tempo entre as duas aplicações deve ser de 20 a 30 dias para propiciar rebrote da buva e, com isto, o melhor funcionamento do produto. Entretanto, mesmo na aplicação sequencial, deve-se evitar com que a buva ultrapasse os 35 cm de altura para que o controle não seja comprometido, e para evitar a rebrota das plantas.

Aplicações de herbicidas realizadas quando a buva apresentava 30 cm de altura resultaram em controle eficiente (85% a 97%) com a utilização de misturas de glyphosate+2,4-D ou de glyphosate+chlorimuron, seguidas da aplicação sequencial de amônio-glufosinato (Tabela 2). Nestas condições, a aplicação de glyphosate+2,4-D sem a complementação da sequencial não apresentou desempenho satisfatório, proporcionando apenas 65% de controle. Desta forma, fica evidente que em situações de buva mais desenvolvida a aplicação sequencial é fundamental para se obter controle eficiente.

Embora o saflufenacil apresente ação rápida de dessecação das plantas, como os demais inibidores da Protox, em função de apresentar o caráter de ácido fraco, também apresenta certa translocação, limitada pelo floema, mas mais evidente pelo xilema, embora existam diferenças importantes entre espécies (Grossmann et al., 2011). Estas características do saflufenacil têm proporcionado resultados satisfatórios em aplicações sequenciais, tanto quando o produto é utilizado na primeira (normalmente em mistura com glyphosate) quanto na segunda aplicação complementar (na qual pode ser usado isoladamente ou também em mistura com glyphosate). Neste caso, recomenda-se que a segunda aplicação seja feita 20 a 30 dias após a primeira.

O trabalho conduzido por Osipe et al. (2011) avaliou o efeito de tratamentos herbicidas aplicados no momento em que a buva estava entre 20

Tabela 2. Porcentagens de controle de buva aos 27 dias após a segunda aplicação (DASA) do manejo sequencial. A buva apresentava 30 cm de altura no momento da aplicação. Fonte: Ferreira et al. (2010).

Herbicidas	Doses (g e.a. ou i.a. ha^{-1})	% de controle 27 DASA
Glyphosate+2,4-D	900+806	65
Glyphosate+2,4-D / amônio-glufosinato[1]	900+806/400	96
Glyphosate+2,4-D / amônio-glufosinato[1]	900+806/500	97
Glyphosate+chlorimuron / amônio-glufosinato[2]	900+20/500	85

[1] Aplicado em conjunto com Áureo a 1,0 L ha^{-1}.
[2] Aplicado em conjunto com Áureo a 0,5 L ha^{-1}.
+ indica mistura em tanque e / indica aplicação sequencial.

a 35 cm de altura. Observa-se nos tratamentos sequenciais que receberam saflufenacil, na segunda aplicação (realizada 28 dias após a primeira), níveis de controle de 97% a 100%, o que demonstrou controle superior a uma única aplicação de saflufenacil e controle semelhante ao tratamento com sequencial de [diuron+paraquat], que também proporcionou controle de 100% (Tabela 3).

Tabela 3. Porcentagens de controle de buva observadas em diferentes opções de aplicação sequencial. A aplicação foi realizada quando a buva tinha entre 20 e 35 cm de altura. Fonte: Osipe et al. (2011).

Herbicidas	Doses	% de controle	
	(g e.a. ou i.a. ha^{-1})	7 DAPA	28 DASA
2,4-D*/saflufenacil*[1]	720/35	47	97
2,4-D*/2,4-D*	720/720	47	93
saflufenacil*[1]/saflufenacil*[1]	35/35	98	100
saflufenacil*[1]	35	98	30
2,4-D*/flumioxazin*	720/25	47	70
2,4-D*/[paraquat+diuron][2]	720/[600+300]	47	100
2,4-D*/amônio-glufosinato[2]	720/400	47	90

*Aplicado em conjunto com glyphosate (1080 g e.a. ha^{-1}).
[1] Aplicado em conjunto com Dash a 0,5% v v^{-1}.
[2] Aplicado em conjunto com Agral a 0,5% v v^{-1}.
DAPA: dias após a primeira aplicação; DASA: dias após a segunda aplicação.
+ indica mistura em tanque.
/ indica aplicação sequencial e [ ] indica mistura formulada.

Contudo é importante ficar claro que a altura da buva no momento da aplicação é que vai definir qual tratamento herbicida deve ser utilizado para que se tenha controle eficiente. Além disto, existem duas modalidades de aplicações a serem consideradas, a primeira é caracterizada por uma única aplicação pontual sendo esta mais recomendada para o controle de buva com altura igual ou inferior a 16 cm. A segunda modalidade, caracterizada pela aplicação sequencial, é recomendada para situações onde a buva já ultrapassou 16 cm de altura. No entanto, para aplicações sequenciais deve-se realizar a primeira aplicação antes que a buva ultrapasse os 35 cm de altura, pois em alturas superiores o desempenho dos herbicidas pode ser comprometido e pode ocorrer a rebrota das plantas.

4. Herbicidas com Atividade Residual no Solo para Controle da Buva

No estado do Paraná, principalmente nas regiões oeste e norte, a buva emerge de forma escalonada no período de junho a setembro (Capítulo 3). Desta forma, a utilização de herbicidas que apresentam controle pontual (sem atividade residual) pode não ser suficiente para garantir que a área fique livre da buva até a semeadura da safra de verão. Desta maneira, uma alternativa que pode ser adotada nestes casos é a mistura em tanque de herbicidas com ação total em pós-emergência com outros herbicidas que apresentam atividade de controle residual no solo.

A mistura em tanque destes herbicidas possibilita o controle da buva emergida e do banco de sementes do solo em uma mesma operação, reduzindo drasticamente o problema de reinfestação da área.

Antes de discutir as opções de herbicidas residuais que podem ser utilizados no manejo outonal, é importante fazer algumas considerações a respeito da forma pela qual deve ser avaliada a eficiência do controle dos pré-emergentes para o caso da buva. Normalmente, o principal critério para avaliar a eficiência de controle de um herbicida aplicado em pré-emergência é o número de plantas daninhas que emerge em uma determinada área. No entanto, no caso da buva, ao levar em conta apenas este critério, pode-se incorrer em interpretações equivocadas, uma vez que, mais importante que a densidade de plantas vivas na pré-semeadura da cultura de verão, é o tamanho das plantas remanescentes.

Digamos que na pré-semeadura da soja onde se utilizou um dado tratamento A na entressafra observou-se uma densidade remanescente de buva de 2 plantas m^{-2} e em outro tratamento B observou-se 15 plantas m^{-2}. A simples avaliação da densidade de plantas induz à conclusão de que o tratamento A foi superior ao B. Entretanto, quando se avaliou a altura das plantas de buva observou-se que no tratamento A as plantas se encontravam em média com 25 cm, ao passo que no tratamento B as plantas estavam em média com 10 cm de altura. Isto indica que o tratamento B foi mais eficiente na supressão do crescimento da buva, pois estas plantas poderiam ser controladas com uma única aplicação no manejo pré-semeadura. Por outro lado, para as plantas não controladas pelo tratamento A uma única aplicação não seria suficiente, havendo necessidade de uma aplicação sequencial na dessecação de pré-semeadura. Em suma, acompanhar o tamanho das plantas é mais importante do que a avaliar a densidade de infestação, já que a primeira variável é a que tem influência direta na eficácia de controle no manejo pré-semeadura da cultura de verão. Um exemplo do que foi discutido encontra-se na Figura 3.

(a) (b)

Figura 3. Exemplo de um tratamento eficaz para o manejo outonal de buva, pois manteve as plantas com tamanho adequado para o controle no manejo pré-semeadura, mesmo com uma densidade mais alta (a), em contraste com outro tratamento (b) que reduziu a infestação, mas não conseguiu suprimir o crescimento das plantas. Fotos: Antonio M. Oliveira Neto (2011).

Outra consideração decisiva no manejo outonal é que, ao utilizar um tratamento herbicida que apresenta tanto ação em pós-emergência quanto atividade residual no solo, é imprescindível garantir o controle total das plantas de buva já emergidas no momento da aplicação, evitando que elas se desenvolvam durante a entressafra. Por outro lado, para aquelas plantas de buva que poderão emergir após esta aplicação, não há necessidade que efeito residual dos herbicidas proporcione controle total das plantas, mas sim que ocorra uma forte supressão do crescimento das mesmas após sua emergência, visando facilitar o seu manejo na pré-semeadura da cultura de verão. Portanto, o controle da buva utilizando o manejo outonal se encerra na dessecação de manejo pré-semeadura.

Feitas estas considerações, discute-se a seguir o desempenho de herbicidas pré-emergentes no controle de buva em diferentes situações. Na Tabela 4 estão apresentados os resultados de densidade de buva e altura de plantas aos 60 e 75 dias após a aplicação do manejo outonal, em área onde o milho safrinha foi colhido na primeira época (final de junho). O solo da área experimental apresentava 60% de argila, 2,9% de carbono e ocorreram precipitações frequentes na entressafra. Foram avaliados nove herbicidas residuais aplicados em dose cheia (maior dose de registro), misturados à glyphosate+2,4-D (gly + 2,4-D) para propiciar a eliminação das plantas de buva já emergidas no momento da aplicação.

Tabela 4. Densidade e altura da buva aos 60 e 75 dias após a aplicação do manejo outonal. Área de primeira época de colheita. Campina da Lagoa (PR), 2009. Fonte: Oliveira Neto (2011).

Tratamentos (doses em g e.a. ou i.a. ha^{-1})	**Densidade (plantas m^{-2})**		**Altura (cm)**	
	60 DAA	**75 DAA**	**60 DAA**	**75 DAA**
Testemunha sem manejo	43	29	27	55
Gly+2,4-D*	13	17	13	26
Gly+2,4-D+metsulfuron (3,6)	9	6	11	21
Gly+2,4-D+chlorimuron (20)	1	3	<1	<1
Gly+2,4-D+diclosulam (33,6)	0,3	0,3	<1	<1
Gly+2,4-D+imazethapyr (100)	12	11	15	32
Gly+2,4-D+imazaquin (180)	12	11	10	20
Gly+2,4-D+flumioxazin (125)	2	3	7	20
Gly +2,4-D+metribuzin (480)	4	8	5	14
Gly+2,4-D+amicarbazone (420)	4	7	7	26
Gly+2,4-D+isoxaflutole (56,3)	5	5	3	18

*Para todos os tratamentos com herbicidas, glyphosate foi aplicado na dose de 960 g e.a. ha^{-1} e 2,4-D na dose de 536 g e.a. ha^{-1}.

Por um período de 60 dias após a aplicação, todos os herbicidas residuais (metsulfuron, chlorimuron, diclosulam, imazethapyr, imazaquin, flumioxazin, metribuzin, amicarbazone e isoxaflutole) foram eficientes no controle da buva e mantiveram as plantas com tamanho inferior a 16 cm, mesmo quando a densidade de plantas emergidas foi relativamente alta, como no caso de imazethapyr e imazaquin. Estes resultados são importantes, pois para a maioria das áreas do oeste e norte do Paraná o período de entressafra é de aproximadamente 60 dias.

Quando o período de avaliação foi de 75 dias (avaliação de pré-semeadura da soja), a exigência do efeito residual foi maior, sendo que apenas chlorimuron, diclosulam e metribuzin conseguiram manter as plantas no tamanho desejável (<16 cm) para obtenção de controle adequado no manejo pré-semeadura.

Este mesmo experimento foi repetido na mesma localidade para a segunda época de colheita do milho safrinha (primeira quinzena de agosto) em área com solo de 60% de argila e 3,3% de carbono (Tabela 5). Nestas condições, o período entre a aplicação do manejo outonal e a semeadura da soja foi de 45 dias e todos os tratamentos herbicidas proporcionaram redução drástica da densidade de plantas de buva. No entanto, apenas onde se adicionou herbicidas com atividade residual as plantas de buva foram mantidas com tamanho inferior a 16 cm. Este experimento serve para exemplificar o que foi discutido anteriormente, ou seja, que em algumas situações se considerarmos apenas a densidade das plantas pode-se tirar conclusões errôneas.

Tabela 5. Densidade e altura da buva aos 45 dias após a aplicação do manejo outonal. Área de segunda época de colheita. Campina da Lagoa (PR), 2009. Fonte: Oliveira Neto (2011).

Tratamentos (doses em g e.a. ou i.a. ha^{-1})	**Densidade (plantas m^{-2})**	**Altura (cm)**
	45 DAA	**45 DAA**
Testemunha sem manejo	72	55
Gly+2,4-D*	4	20
Gly+2,4-D+metsulfuron (3,6)	3	8
Gly+2,4-D+chlorimuron (20)	0,3	5
Gly+2,4-D+diclosulam (33,6)	1	6
Gly+2,4-D+imazethapyr (100)	5	12
Gly+2,4-D+imazaquin (180)	3	16
Gly+2,4-D+flumioxazin (125)	3	12
Gly+2,4-D+metribuzin (480)	2	10
Gly+2,4-D+amicarbazone (420)	2	11
Gly+2,4-D+isoxaflutole (56,3)	1	9

*Para todos os tratamentos com herbicidas, glyphosate foi aplicado na dose de 960 g e.a. ha^{-1} e 2,4-D na dose de 536 g e.a. ha^{-1}.

Durante a entressafra de 2010 foi conduzido um experimento para avaliar a eficácia de algumas misturas em tanque sobre a buva em uma área de segunda época de colheita (primeira quinzena de agosto), com 71% de argila e 2% de carbono. Entretanto, as condições ambientais foram diferentes dos exemplos anteriores, pois, após a aplicação dos tratamentos houve um período de estiagem de 25 dias. Além disto, a semeadura da soja foi realizada somente no início do mês de novembro, o que proporcionou um período de entressafra longo (87 dias). Os resultados de controle encontram-se na Tabela 6.

Observa-se que até 60 DAA todos os herbicidas avaliados apresentavam bom controle residual (≥85%). Entretanto, a partir da avaliação de 75 DAA, apenas diclosulam manteve nível satisfatório de controle residual (Tabela 6). Porém, como discutido anteriormente, não se pode definir a eficácia de um herbicida de efeito residual sem considerar a altura das plantas de buva.

Quando se observa a altura das plantas, nota-se que os resultados são diferentes e que os herbicidas com efeito residual ([imazapic + imazapyr], [glyphosate + imazethapyr] e diclosulam) mantiveram as plantas de buva sob supressão adequada até 75 DAA. Por outro lado, na pré-semeadura da soja (87 DAA) a buva estava fora do estádio ideal de controle em todos os tratamentos (Tabela 7).

Tais resultados demonstram que em condição de restrição hídrica após a aplicação do manejo outonal, mesmo os herbicidas com atividade residual prolongada como [imazapic+imazapyr] e diclosulam não conseguiram manter a buva em tamanho adequado. É conveniente lembrar que a mistura comercial de [imazapic+imazapyr] só deve ser utilizada se a cultura a ser semeada no verão for tolerante a herbicidas do grupo químico das imidazolinonas.

Em suma, os herbicidas pré-emergentes são parte fundamental para o manejo de buva resistente ao glyphosate, principalmente no período de entressafra. A escolha do herbicida a ser utilizado neste período depende da cultura que será implantada na safra verão e da duração do período de entressafra. Quando este período não excede 60 dias dispõe-se de maior gama de opções. Para períodos superiores a 75 dias deve-se dar preferência a herbicidas com maior período de controle residual. No entanto, sob situações desfavoráveis (estiagem, efeito guarda-chuva da palhada e alta reinfestação), mesmo estes herbicidas podem não apresentar eficiência suficiente para proporcionar uma situação confortável de controle por ocasião do manejo pré-semeadura.

Outro ponto importante a ser considerado é que dentre as opções eficazes para o controle de buva estão os herbicidas inibidores da ALS, como chlorimuron e diclosulam. O uso repetido desta classe de herbicidas pode levar à seleção de biótipos resistentes aos inibidores da ALS, o que restringiria ainda mais as opções de herbicidas disponíveis.

Tabela 6. Porcentagens de controle residual de buva aos 45, 60, 75 e 87 dias após a aplicação do manejo outonal. Floresta (PR), 2010.

Tratamentos	Dose (g e.a. ou i.a. ha^{-1})	Controle residual (%)			
		45 DAA	**60 DAA**	**75 DAA**	**87 DAA**
Testemunha sem herbicida	—	0	0	0	0
Gly+saflufenacil+[imazapic+imazapyr][1]	1080+35+[68,6+26,3]	96	95	75	63
Gly+saflufenacil+[imazapic+imazapyr][1]	1080+35+[18,8+78,8]	98	88	72	62
Gly+saflufenacil+[gly+imazethapyr][1]	360+35+[711+120]	98	85	63	47
Gly+2,4-D+diclosulam[1]	1080+1005+42	98	97	92	90
Gly+saflufenacil[1]	360+35	95	69	0	0

[1] Aplicado em conjunto com Dash a 0,5% v v^{-1}.

Gly: glyphosate. + indica mistura em tanque e [ ] indica mistura formulada.

Tabela 7. Altura das plantas de buva aos 45, 60, 75 e 87 dias após a aplicação (DAA) do manejo outonal. Floresta (PR), 2010.

Tratamentos	Dose	Controle residual (%)			
	(g e.a. ou i.a. ha^{-1})	45 DAA	60 DAA	75 DAA	87 DAA
Testemunha sem herbicida	—	20	21	25	34
Gly+saflufenacil+[imazapic+imazapyr][1]	1080+35+[68,6+26,3]	8	7	16	20
Gly+saflufenacil+[imazapic+imazapyr][1]	1080+35+[18,8+78,8]	8	10	15	25
Gly+saflufenacil+[gly+imazethapyr][1]	360+35+[711+120]	8	9	16	21
Gly+2,4-D+diclosulam[1]	1080+1005+42	9	10	13	21
Gly+saflufenacil[1]	360+35	9	12	25	25

[1] Aplicado em conjunto com Dash a 0,5% v v^{-1}.

Gly: glyphosate. + indica mistura em tanque e [ ] indica mistura formulada.

5. Sistemas de Manejo da Buva

5.1 Manejo outonal após primeira e segunda época de colheita do milho safrinha

Neste tópico discorre-se sobre as possibilidades para manejo da buva nas situações que são comumente encontradas a campo, sempre visando a implantação da cultura de verão livre da interferência desta planta daninha.

A primeira situação que será discutida são as recomendações para o manejo de buva na entressafra. Em áreas onde a colheita do milho safrinha acontece no mês de junho e início de julho (primeira época de colheita) ou em áreas onde não se realizou cultivo de inverno (pousio) o manejo de buva pode ser realizado de duas maneiras. A primeira envolve a utilização de herbicidas com atividade residual, onde o controle deverá se iniciar com a aplicação da mistura de um herbicida dessecante com um herbicida de efeito residual (controle em pós e em pré-emergência com uma única aplicação) em torno de 15 dias após a colheita do milho. Como nesta época as plantas de buva encontram-se em estádios iniciais de desenvolvimento (<10 cm) as principais opções de pós-emergentes são glyphosate+saflufenacil, glyphosate+2,4-D e amônio-glufosinato. Como herbicida pré-emergente as opções mais adequadas para esta época são diclosulam, chlorimuron, metribuzin e flumioxazin, pois geralmente o período entre a aplicação de entressafra e a semeadura da cultura de verão é superior a 60 dias. Por fim, para realizar a semeadura da soja sem a presença de buva, o agricultor deve realizar a dessecação de manejo pré-semeadura. As opções para esta operação são glyphosate+saflufenacil, glyphosate+2,4-D, glyphosate+chlorimuron e glyphosate+diclosulam. No caso da utilização de 2,4-D na pré-semeadura da soja deve-se respeitar o intervalo de 7 a 15 dias entre a aplicação e a semeadura.

A segunda maneira de enfrentar esta situação é utilizando apenas o controle pontual, que pode ser realizado com tratamentos com glyphosate+saflufenacil, glyphosate+2,4-D ou amônio-glufosinato, sendo a primeira aplicação realizada no início da entressafra após a colheita do milho safrinha ou quando a buva estiver com aproximadamente 10 cm no caso do pousio de inverno. Após esta aplicação o agricultor deverá acompanhar a reinfestação da área e realizar uma nova aplicação quando a buva novamente atingir o tamanho de 10 a 16 cm. Nestas condições, geralmente são necessárias duas aplicações durante a entressafra. Para finalizar, o agricultor deve realizar a dessecação de manejo pré-semeadura da mesma maneira como descrita anteriormente. Neste caso, a mistura de glyphosate+chlorimuron não foi mencionada para evitar que seja utilizada sucessivamente nas três aplicações. Também como medida preventiva para evitar a seleção de novos biótipos resistentes é aconselhável que seja feita a rotação de mecanismos de ação em cada aplicação, como por exemplo, primeira aplicação com glyphosate+saflufenacil (EPSPs+Protox), segunda aplicação com amônio-glufosinato (GS) e o manejo pré-semeadura com glyphosate+chlorimuron (EPSPs+ALS).

Em áreas onde a colheita do milho safrinha é mais tardia (fim de julho e mês de agosto) o agricultor pode lançar mão do manejo outonal de forma similar ao discutido anteriormente (em plantas de buva menores que 16 cm). A principal diferença é que como nesta situação o período entre a aplicação e a semeadura da soja no verão é mais curto (< 60 dias) as opções de herbicidas residuais são maiores, dentre as quais podem ser listados diclosulam, chlorimuron, metribuzin, flumioxazin, imazethapyr, imazaquin, metsulfuron, amicarbazone e isoxaflutole. Entretanto, os três últimos, além do metribuzin para determinadas variedades, podem causar injúrias na cultura da soja semeada em sucessão (Capítulo 8). As opções de herbicidas para a eliminação das plantas de buva já emergidas logo após a colheita do milho, bem como para o manejo pré-semeadura, continuam as mesmas.

Quando se realiza o manejo outonal em áreas de segunda época de colheita do milho safrinha, pode acontecer de a maioria das plantas de buva já terem emergido, e, neste caso, o agricultor pode dispensar o uso de herbicidas residuais. A Figura 4 ilustra uma situação de campo na safra 2010/2011, em que a entressafra de inverno não excedeu 45 dias. Esta figura contempla uma vista geral de uma área (50 dias após a primeira aplicação) onde o sistema de manejo outonal consistiu de uma aplicação de glyphosate+saflufenacil (1080 g e.a.+35 g i.a. ha^{-1}) logo após a colheita do milho, seguida de uma aplicação de glyphosate+chlorimuron (1080 g e.a.+20 g i.a. ha^{-1}) no manejo pré-semeadura da soja. Em contraste, o tratamento adotado pelo agricultor, no qual não se realizou manejo de entressafra e aplicou-se na dessecação de manejo glyphosate+chlorimuron-ethyl (1080 g e.a.+20 g i.a. ha^{-1}), sendo, em seguida, semeada a cultura soja.

Observou-se que nas áreas onde foi realizado o manejo outonal a emergência da cultura da soja se deu no limpo, livre da competição inicial. Em contrapartida, na área do produtor a soja emergiu em meio às plantas de buva que não se encontravam totalmente controladas e permaneciam eretas, interferindo no desenvolvimento da cultura. Nesta situação ocorre a matointerferência inicial e o potencial produtivo da soja é reduzido.

5.2 Manejo pré-semeadura em áreas onde não se fez o manejo outonal

A partir daqui, são discutidos sistemas de manejo de buva para a dessecação de manejo pré-semeadura da cultura de verão, em áreas onde não foi realizado o manejo outonal. Nestas áreas o manejo mais recomendado é a aplicação sequencial, na qual as duas aplicações são realizadas separadas por curto intervalo de tempo (7 a 15 dias). Nesta modalidade, as opções mais utilizadas consistem na utilização de glyphosate+2,4-D ou glyphosate+chlorimuron na primeira aplicação (que ocorre de 10 a 15 dias antes

(a) (b)

(c) (d)

Figura 4. Área onde se realizou manejo outonal com glyphosate+saflufenacil (1080 g e.a.+35 g i.a. ha^{-1}) na primeira aplicação (a); à direita a mesma área após a semeadura da soja (b), contrastando com a área sem manejo outonal antes (c) e depois da semeadura da soja (d). Fotos: Antonio M. Oliveira Neto (2011).

da semeadura da soja), complementada por uma segunda aplicação contendo um herbicida de contato na véspera do plantio. Geralmente nesta operação são utilizados tratamentos herbicidas tais como paraquat, [paraquat+diuron], amônio-glufosinato e glyphosate+saflufenacil.

Esta modalidade de aplicação apresenta bons resultados quando iniciada em plantas com tamanho máximo de 25 cm. À medida que as plantas se afastam deste tamanho a eficiência do controle é reduzida.

Em experimento conduzido no município de Mato Castelhano (RS) (Tabela 8), avaliou-se a eficácia da aplicação sequencial envolvendo glyphosate+2,4-D seguida de uma segunda aplicação realizada seis dias após a primeira com glyphosate+chlorimuron, glyphosate+diclosulam ou glyphosate+flumioxazin. As plantas de buva apresentavam duas faixas de tamanho, maiores ou menores do que 20 cm. Para as plantas menores que 20 cm de altura, uma única aplicação com glyphosate+2,4-D (1080+536

Tabela 8. Porcentagens de controle de buva aos 35 dias após a aplicação sequencial da dessecação de manejo. Mato Castelhano (RS), 2010/2011.

Dessecação[1]	Doses (g e.a. ha^{-1})	Sequencial[1]	Doses (g e.a. ou i.a. ha^{-1})	% Controle 35 DAS[2]
Gly+2,4-D	1080+536	gly+chlo+flum	720+15+50	80
Gly+2,4-D	1080+536	gly+chlo+flum	720+20+50	86
Gly+2,4-D	1080+536	gly+flum	720+50	75
Gly+2,4-D	1080+536	gly+flum	720+60	76
Gly+2,4-D	1080+536	gly+chlo	720+15	82
Gly+2,4-D	1080+536	gly+chlo	720+20	89
Gly+2,4-D	1080+536	gly+diclo	720+25,2	84
Gly+2,4-D	1080+536	gly	720	71
Gly+2,4-D	1080+536	—	—	70
Testemunha	—	Testemunha	—	0

[1] Aplicado em conjunto com Iharol a 0,5% v v^{-1}.
[2] DAS: dias após a aplicação sequencial.
Gly: glyphosate; chlo: chlorimuron-ethyl; flum: flumioxazin; diclo: diclosulam.

g e.a. ha^{-1}) foi suficiente para controlar todas as plantas. Já para plantas maiores que 20 cm observou-se que nenhum tratamento foi capaz de eliminar totalmente a buva. Entretanto, onde se utilizou os herbicidas inibidores da ALS (chlorimuron e diclosulam) na segunda aplicação as plantas de buva não rebrotaram. Nesta situação, o flumioxazin não foi utilizado para controlar a buva em pós-emergência e sim para proporcionar controle residual dentro do ciclo da cultura da soja (controle em pré-emergência).

O fato de herbicidas sistêmicos como o chlorimuron e o diclosulam utilizados na segunda aplicação da sequencial terem reduzido a rebrota da buva pode estar relacionado ao curto período de tempo entre as duas aplicações. Como os herbicidas sistêmicos utilizados na primeira aplicação ainda não haviam causado a completa disrupção do sistema vascular, ainda houve tempo para que os inibidores da ALS pudessem se translocar até o ponto de atuação nas plantas (os meristemas). Outra possibilidade para explicar tal fato seria o contato direto entre a calda aplicada e os pontos de crescimento da parte aérea.

Este sistema de manejo de buva pode apresentar uma limitação, principalmente quando as plantas de buva se encontram com tamanho superior a 30 cm. De um a três dias após a aplicação sequencial realiza-se a semeadura da cultura da soja e quando tem início a emergência da cultura as plantas de buva ainda não estão totalmente controladas e encontram-se eretas, sombreando as plântulas de soja. O sombreamento inicial provoca competição por luz, que desencadeia o estiolamento das plântulas de soja, o que, em última instância, se reflete em perda da produtividade de grãos ao final do ciclo. Decréscimos de produtividade relacionados ao sombreamento de culturas após a dessecação pré-semeadura tem sido descritos tanto para a soja (Oliveira Jr. et al., 2006; Constantin et al., 2009a,b) quanto para o milho (Constantin et al., 2007, 2009c).

Outra desvantagem de se manejar a buva somente na dessecação de pré-semeadura é que a aplicação dos herbicidas é realizada em um estádio fenológico em que a buva é mais tolerante a herbicidas. Além disto, desta forma não se reduz o número de pulverizações, pois são necessárias duas aplicações de herbicidas, semelhante ao manejo outonal, correndo o risco de obter-se menor eficiência.

Por fim, há uma situação muito comum no centro-sul do Paraná e no Rio Grande do Sul, que são as áreas onde se cultiva cereais de inverno durante a segunda safra. Nesta situação se realiza a semeadura da cultura de verão logo após a colheita do cereal de inverno. Portanto, o manejo da buva é realizado na mesma operação da dessecação de manejo. Neste caso, as plantas de buva se encontram normalmente com tamanho máximo por volta de 10 cm e as melhores opções de herbicidas são as misturas de glyphosate+chlorimuron, glyphosate+diclosulam e glyphosate+2,4-D (Tabela 9). Para esta última opção, deve-se utilizar uma dose menor de 2,4-D (402 g e.a. ha^{-1}) para evitar injúrias na soja semeada a seguir. A presença do flumioxazin contribui no controle residual no solo e sua adição não altera a eficácia dos tratamentos com glyphosate+chlorimuron. Além disto, proporciona a introdução de outro mecanismo de ação, o que é positivo em termos de prevenção de seleção de biótipos resistentes, constituindo, portanto, uma boa opção para evitar a seleção de biótipos de buva com resistência aos inibidores da ALS. Seguindo-se o mesmo raciocício, outra opção para alternância de mecanismos de ação seria glyphosate+saflufenacil, que proporcionaria um bom controle e diminuiria a pressão de seleção devido ao uso repetido de inibidores de ALS.

Tabela 9. Porcentagens de controle da buva (15 e 40 DAA) após dessecação de manejo. Aplicação realizada em plantas com altura entre 2 e 17 cm. Condor (RS), 2010/2011.

Tratamentos[1]	**Doses**	**Controle buva (%)**	
	(g e.a. ou i.a. ha^{-1})	**15 DAA**	**40 DAA**
Glyphosate+chlorimuron+flumioxazin	720+15+60	96	97
Glyphosate+chlorimuron+flumioxazin	720+20+60	99	98
Glyphosate+chlorimuron	720+15	99	95
Glyphosate+chlorimuron	720+20	99	96
Glyphosate+diclosulam	720+25,2	99	98
Glyphosate+2,4-D	720+402	94	95
Testemunha	—	0	0

[1] Aplicado em conjunto com Iharol a 0,5% v v^{-1}.

6. Considerações Finais

Com base no que foi abordado sobre controle químico, pode-se destacar que o estádio da buva no momento da aplicação do tratamento herbicida afeta diretamente o nível de eficiência alcançado. Há maior número de opções para o controle químico quando as plantas de buva já emergidas apresentam menos de 10 cm de altura. Em áreas que ficam em pousio no inverno ou onde o milho safrinha é colhido mais cedo, o período de entressafra é maior, e a melhor alternativa é o manejo outonal com a aplicação de um herbicida não seletivo associado à herbicida com atividade residual. Para aquelas áreas onde a colheita da cultura foi realizada mais tarde, o agricultor pode optar pelo manejo outonal sem residuais (buva até 16 cm) ou pela dessecação sequencial (buva maior do que 16 cm) na pré-semeadura da cultura de verão. Quando a opção é pela aplicação sequencial na pré-semeadura, normalmente as plantas de buva se encontram maiores, o que aumenta os riscos de insucesso. Em regiões como o sul do Paraná e o Rio Grande do Sul, onde a semeadura da cultura de verão ocorre logo após a colheita da cultura de inverno, aplicações únicas com a buva menor que 10 cm normalmente têm proporcionado bons resultados.

Referências

Almeida, F.S., *Controle de Plantas Daninhas em Plantio Direto*. Circular 67, IAPAR, Londrina, PR, 1991. 34 p.

Belani, R.B.; Etcheverry, M.I.; Martins, L.A. & Rocha, C.L., Efeito de Kixor em associação com glyphosate para controle de buva em dessecação pré-plantio da soja. In: *Resumos do 27º Congresso Brasileiro da Ciência das Plantas Daninhas*. Ribeirão Preto, SP: FUNEP, p. 2367–2371, 2010a.

Belani, R.B.; Etcheverry, M.I.; Martins, L.A. & Rocha, C.L., Kixor em associação com Alteza 30 SL no manejo de plantas de *Conyza bonariensis* em pré-plantio da soja. In: *Resumos do 27º Congresso Brasileiro da Ciência das Plantas Daninhas*. Ribeirão Preto, SP: FUNEP, p. 2372–2376, 2010b.

Blainski, E.; Constantin, J.; Oliveira Jr., R.S.; Biffe, D.F.; Raimondi, M.A.; Bucker, E.G. & Gheno, E., Eficácia de alternativas herbicidas para o controle de buva (*Conyza bonariensis*). In: *Resumos do 5º Congresso Brasileiro de Soja*. Goiânia, GO: FUNEP, p. 54, 2009.

Constantin, J.; Oliveira Jr., R.S.; Cavalieri, S.D.; Arantes, J.G.Z.; Alonso, D.G.; Roso, A.C. & Costa, J.M., Interação entre sistemas de manejo e de controle de plantas daninhas em pós-emergência afetando o desenvolvimento e a produtividade do milho. *Planta Daninha*, 25:513–520, 2007.

Constantin, J.; Oliveira Jr., R.S.; Inoue, M.H.; Arantes, J.G.Z. & Cavalieri, S.D., Sistemas de dessecação antecedendo a semeadura direta de milho e controle de plantas daninhas. *Ciência Rural*, 39(4):971–976, 2009c.

Constantin, J.; Oliveira Jr., R.S.; Inoue, M.H.; Cavalieri, S.D. & Arantes, J.G.Z., Sistemas de manejo de plantas daninhas no desenvolvimento e na produtividade da soja. *Bragantia*, 68(1):125–135, 2009b.

Constantin, J.; Oliveira Jr., R.S.; Zobiole, L.H.S.; Dalbosco, M.; Arantes, J.G.Z. & Alonso, D.G., Influência de sistemas de manejo sobre o desenvolvimento e a produtividade da soja. *Revista Ceres*, 56(3):274–282, 2009a.

Ferreira, C.; Osipe, J.B.; Alves, K.A.; Sorace, M.A.; Osipe, R. & Brito Neto, A.J., Avaliação da eficiência do herbicida Finale (amônio glufosinato) aplicado na modalidade seqüencial, no controle químico de buva, na operação de manejo em plantio direto, da cultura da soja. In: *Resumos do 27º Congresso Brasileiro da Ciência das Plantas Daninhas*. Ribeirão Preto, SP: FUNEP, p. 1435–1439, 2010.

Grossmann, K.; Hutzler, J.; Caspar, G.; Kwiatkowski, J. & Brommer, C.L., Saflufenacil (Kixor^{TM}): biokinetic properties and mechanism of selectivity of a new protoporphyrinogen IX oxidase inhibiting herbicide. *Weed Science*, 59(3):290–298, 2011.

Oliveira Jr., R.S.; Constantin, J.; Costa, J.M.; Cavalieri, S.D.; Arantes, J.G.Z.; Alonso, D.G.; Roso, A.C. & Biffe, D.F., Interação entre sistemas de manejo e de controle de plantas daninhas em pós-emergência afetando o desenvolvimento e a produtividade da soja. *Planta Daninha*, 24(4):721–732, 2006.

Oliveira Neto, A.M., *Manejo Outonal de* Conyza *spp. Baseado em Glyphosate + 2,4-D, MSMA e Amônio-glufosinato Aplicados Isoladamente ou em Mistura com Herbicidas Residuais*. Dissertação de mestrado em Agronomia – Proteção de Plantas, Universidade Estadual de Maringá, Maringá, PR, 2011. 62 p.

Osipe, J.B.; Ferreira, C.; Osipe, R.; Adegas, F.S.; Gazziero, D.L.P. & Belani, R.B., Avaliação do controle químico de buva com o herbicida Kixor associado a outros produtos. In: *Resumos do 27º Congresso Brasileiro da Ciência das Plantas Daninhas*. Ribeirão Preto, SP: FUNEP, p. 1864–1867, 2010.

Osipe, J.B.; Zeny, E.P.; Cunha, B.A.; Osipe, R.; Rios, F.A.; Franchini, L.H.; Braz, G.B.P. & Teixeira, E.S., Eficiência de misturas de herbicidas no controle de buva em diferentes alturas. In: *Resumos do 3º Simpósio Internacional de Glyphosate*. Botucatu, SP: FEPAF, p. 199–202, 2011.

Souza, C.F.L.; Valente, T.O.; Melhorança, A.L.; Pereira, F.A.R. & Junior, A.C., Eficiência de diferentes herbicidas na dessecação de três espécies vegetais para a cobertura do solo. *Revista Brasileira de Herbicidas*, 1(1):57–60, 2000.

Capítulo 7

Herbicidas Registrados para Uso e Resultados de Pesquisa

Rubem Silvério de Oliveira Jr., Naiara Guerra,
Jethro Barros Osipe, Luiz Henrique Moraes Franchini,
Fernando Storniolo Adegas, Robinson Osipe

1. Herbicidas Com Registro Para o Controle de Buva

A seguir é apresentado um breve resumo dos princípios ativos e das marcas comerciais de herbicidas que se encontram registrados para uso no controle da buva, baseado na compilação de Rodrigues & Almeida (2011) e nas informações disponibilizadas pelo *site* do Ministério da Agricultura, Pecuária e Abastecimento – Coordenação Geral de Agrotóxicos e Afins/DFIA/SDA (AGROFIT) (*http://extranet.agricultura.gov.br/agrofit_cons/principal_agrofit_cons*). Para os herbicidas onde há uma faixa de doses, as doses mais altas são utilizadas para as plantas daninhas mais desenvolvidas. Antes do uso, é imprescindível consultar um Engenheiro Agrônomo e ler a bula de cada um dos produtos comerciais mencionados, uma vez que vários deles podem requerer detalhes específicos para sua utilização, como o uso de adjuvantes, por exemplo.

1. 2,4-D:

   - **2,4-D Nortox**: registrado na dose de 1 a 2 L ha^{-1}, para controle da buva em pastagem de braquiária – aplicar em área total quando as infestantes estiverem em pleno desenvolvimento vegetativo e antes do florescimento;
   - **Bratt**: registrado na dose de 1 a 2 L ha^{-1} em pastagem; aplicar por cobertura total em pós-emergência das plantas daninhas com altura de no máximo 50 cm.
   - **Campeon**: aplicar 1,5 L ha^{-1} para buva até quatro folhas, quando o milho estiver no estádio de 4 a 6 folhas, antes da formação do cartucho. No caso da soja, usar 1,5 L ha^{-1} em aplicações 10 dias antes da semeadura da soja, com a planta daninha até quatro folhas. Em pastagens: aplicar 1,5 a 2,0 L

 ISBN 978-85-64619-06-7

ha^{-1} para buva até seis folhas. Fazer a aplicação em pastagem de gramínea já estabelecida.

- **Brion, Dez, Garra, Grant, Pren-D 806** e **U-46-D**: aplicar 1,0 a 2,0 L para cada 100 L de água para o controle de buva em pastagens (pós-emergência em área total, buva com no máximo 50 cm).
- **Navajo**: a dose registrada é de 1,0 a 1,8 kg ha^{-1} (pós-emergência em área total, buva com no máximo 50 cm).
- **2,4-D Amina 72**: aplicar 2,0 L ha^{-1} em pastagens em pós-emergência em área total, ou em reboleiras de buva. Repetir a aplicação caso haja rebrota.

2. [2,4-D+Picloram]:

- **Arena**: utilizar 3,0 a 5,0 L ha^{-1}, no estádio de quatro a seis folhas. Em aplicação foliar dirigida, usar a concentração de 1,5 a 2,5%.
- **Artys**: utilizar 3,0 a 5,0 L ha^{-1} (pulverização foliar de qualquer tipo). Deve-se fazer aplicação na época quente do ano, com boa pluviosidade, quando as plantas estão em processo intenso de crescimento.
- **Galop**: aplicar 1,0 L ha^{-1} em áreas de pastagem e de gramíneas forrageiras.
- **Jacaré, Navigator-D** e **Viktor**: em pastagens, aplicar em pós-emergência na dose de 3,5 L ha^{-1} durante a época quente, com boa pluviosidade, estando a buva em fase de crescimento intenso.
- **Turuna**: em pastagens de gramíneas forrageiras, realizar aplicação foliar em área total ou dirigida sobre as reboleiras, com a buva de quatro a seis folhas, na dose de 3,0 a 5,0 L ha^{-1}.

3. Amônio-glufosinato:

- **Finale** e **Liberty BCS**: em café, aplicar 2,0 L ha^{-1}. Para eucalipto, aplicar 4,0 L ha^{-1}. Aplicar sempre em pós-emergência em jato dirigido às entrelinhas.

4. [Bentazon+imazamox]:

- **Amplo**: a dose registrada para uso na cultura do feijoeiro é de 1,0 L ha^{-1}, devendo ser utilizada em pós-emergência precoce (2 a 4 folhas) da buva.

5. Chlorimuron-ethyl:

- **Caput, Classic, Garbor** e **Stilo**: aplicar 80 g ha^{-1} para dessecação de buva antes da semeadura direta de soja.
- **Panzer**: a dose registrada é de 40 g ha^{-1}.

6. Diclosulam:

- **Spider 840 WG**: registrado para uso em pré-emergência na cultura da soja, em doses entre 23,8 e 41,7 g ha^{-1}, em plantios convencionais realizados em solo de textura média a argilosa.

7. Diuron:

- **Cention SC**: apresenta registro para diversas culturas. Em abacaxi a dose recomendada é de 4,8 L ha^{-1}, e a aplicação deve ser feita em pré-emergência das plantas infestantes e pós-plantio da cultura. Em algodão a dose é de 2,5 L ha^{-1}, e a aplicação deve ser realizada em pré-emergência total das infestantes e da cultura. Em cana a dose registrada é de 5,0 L ha^{-1}, aplica-se em pré-emergência das infestantes e pré ou pós-emergência da cultura. Em citros a dose é de 3,6 L ha^{-1}, e a aplicação deve ser realizada em pré-emergência das infestantes, dirigida ao solo, sem que o produto atinja a folhagem das plantas de citros.

8. Flumioxazin:

- **Flumyzin**: aplicar em pré-emergência da soja e da planta daninha na dose de 120 g ha^{-1}. Em **manejo outonal**, aplicar em pré-emergência da buva, na dose de 120 g ha^{-1}. O controle é residual, ou seja, em pré-emergência.

9. Glyphosate (controle de plantas de buva sem resistência a este herbicida):

- **Direct**: aplicar 0,5 a 1,5 kg ha^{-1}, em pós-emergência em jato dirigido às entrelinhas em cacau, maçã, pêra, nectarina, pêssego, ameixa, café, banana, cana, citros e pastagens ou aplicação em pós-emergência em área total antes do plantio direto de arroz, soja e trigo.
- **Gliato**: é recomendado para uso em pós-emergência em jato dirigido às entrelinhas das culturas de pinus e eucalipto, na dose de 2,0 L ha^{-1}.
- **Glifosato Cropchem** e **Glifosato Nutritop**: recomendado para uso em pós-emergência em jato dirigido às entrelinhas das culturas de café, cana, citros, eucalipto e pinus em doses entre 2,0 e 3,0 L ha^{-1}. Nas culturas de algodão, arroz e soja é recomendado para dessecação antecedendo a semeadura direta, nas mesmas doses.

- **Glifosato Nortox**: utiliza-se de 2,0 a 4,0 L ha^{-1} em aplicações em jato dirigido às entrelinhas das culturas de café, cacau, citros, cana, uva, pêra, maçã, ameixa, pêssego, nectarina, banana e seringueira; indicados para aplicação em área total em pré-plantio no sistema de plantio direto de arroz, soja, milho e trigo.
- **Glifosato Nortox NA**: seu uso é indicaco (2,0 a 4,0 L ha^{-1}) em capinas químicas para erradicação nas áreas não agrícolas, não florestais e não urbanas, sendo aplicado ao longo de cercas, aceiros, rodovias, ferrovias, faixa sob rede de alta tensão e passagens de oleoduto.
- **Glion**: recomendado para uso em pós-emergência em jato dirigido às entrelinhas das culturas de café, cana, citros e eucalipto em doses entre 2,0 e 4,0 L ha^{-1}. Nas culturas de arroz, soja e trigo é recomendado para dessecação antecedendo a semeadura direta, nas mesmas doses.
- **Gli-up**: recomendado para uso em pós-emergência em jato dirigido às entrelinhas das culturas de café, cana, citros, eucalipto e pinus em doses entre 2,0 e 3,0 L ha^{-1}. Nas culturas de algodão, arroz, milho e soja é recomendado para dessecação antecedendo a semeadura direta, nas mesmas doses.
- **Glyox**: Recomendado para uso em pós-emergência em jato dirigido às entrelinhas das culturas de ameixa, cacau, café, cana, citros, maçã, nectarina, pêssego, seringueira e uva em doses entre 2,0 e 4,0 L ha^{-1}. Nas culturas de arroz, milho, soja e trigo é recomendado para dessecação antecedendo a semeadura direta, nas mesmas doses. Em pastagens pode ser usado para controle de buva em reboleiras, nas mesmas doses.
- **Glyphotal**: aplicar 2,0 a 5,0 L ha^{-1} em jato dirigido às entrelinhas em café, cana, citros, eucalipto e pinus ou em área total no pré-plantio da cultura e pós-emergência da buva para o plantio direto de algodão, arroz, milho, soja e trigo.
- **Polaris** e **Radar**: dose de 2,0 L ha^{-1} - Aplicação em pós-emergência da buva em jato dirigido às entrelinhas em café, citros, maçã e uva ou aplicação em área total antes do plantio direto de arroz, cana, soja, milho e trigo.
- **Radar WG**: doses variam entre 0,5 e 1,5 kg ha^{-1}. Aplicação é feita em pós-emergência da buva e em jato dirigido às entrelinhas em café, citros e maçã.
- **Roundup NA**: dose recomendada é de 2 kg ha^{-1}, para controle da buva em aceiros de estradas de ferro, estradas de rodagem, oleodutos, cercas e linhas de alta tensão.

- **Roundup Original**: dose recomendada de 2,0 L ha^{-1}. Aplicação em pós-emergência da buva e em jato dirigido às entrelinhas em ameixa, banana, cacau, café, cana, citros, maçã, nectarina, pêra, pêssego, uva, pastagem, pinus e eucalipto ou aplicação em área total antes do plantio direto de arroz, soja, milho e trigo.
- **Roundup Transorb**: dose recomendada de 1,5 L ha^{-1}. Aplicar em pós-emergência, em jato dirigido às entrelinhas nas culturas de banana, cana-soca, citros, coco, maçã, mamão, uva e eucalipto ou aplicação em área total antes do plantio direto de algodão, arroz irrigado, cana, fumo, milho, soja e trigo.
- **Roundup WG**: usar 1,0 a 1,5 kg ha^{-1}. Aplicar em pós-emergência da buva em jato dirigido às entrelinhas nas culturas de ameixa, banana, cacau, café, citros, maçã, nectarina, pêra, pêssego e uva ou aplicação em área total antes do plantio direto de algodão, arroz, cana, milho, pastagens, soja e trigo ou ainda em pós-emergência em área total em soja RR.
- **Rustler**: usa-se 2,0 L ha^{-1}. Aplicar em pós-emergência da buva e em jato dirigido às entrelinhas em café, citros, maçã e uva ou aplicação em área total antes do plantio direto de arroz, cana, soja, milho e trigo.
- **Stinger**: usa-se 2,0 L ha^{-1} em pós-emergência da buva e em jato dirigido às entrelinhas em café, citros, maçã e uva ou aplicação em área total antes do plantio direto de arroz, cana, soja, milho e trigo.
- **Touchdown**: em café, eucalipto e pinus, é registrado para uso em pós-emergência, em jato dirigido às entrelinhas, na dose de 2,1 L ha^{-1}. Em milho, soja e trigo pode ser utilizado na mesma dose na dessecação de manejo que antecede a semeadura direta. Nas culturas de soja RR e milho RR também pode ser utilizado em pós-emergência das culturas.
- **Tradicional**: recomendado para aplicação em pós-emergência, em jato dirigido às entrelinhas, para as culturas de ameixa, banana e cacau, na dose de 2,0 L ha^{-1}.
- **Tupan**: doses entre 2,0 a 3,0 L ha^{-1} são aplicadas em pós-emergência e em jato dirigido às entrelinhas de café, cana, citros, eucalipto e pinus ou em área total antes do plantio direto de algodão, arroz, milho, soja, e trigo.
- **Zapp QI 620**: usa-se 2,1 L ha^{-1} em pós-emergência e em jato dirigido às entrelinhas das culturas de café, citros e maçã ou em área total antes do plantio direto de algodão, arroz, cana, feijão, milho, soja, e trigo.

10. [Glyphosate+imazethapyr]:

    - **Alteza 30 SL**: aplica-se em pós-emergência da buva, em início de desenvolvimento. Usos em soja convencional em jato dirigido na dose de 2,0 a 2,5 L ha^{-1} ou na dessecação antecedendo a semeadura direta da soja na dose 2,0 a 3,0 L ha^{-1}.
    - **Oneshot**: aplica-se em pós-emergência da buva. Usos em soja convencional em jato dirigido na dose de 3,3 a 4,0 L ha^{-1} ou na dessecação antecedendo a semeadura direta da soja na dose 3,3 a 5,0 L ha^{-1}.

11. Imazapyr:

    - **Arsenal NA**: utilizar 4 a 10 L ha^{-1} ou 1% v v^{-1} (400 L ha^{-1} de calda) em aceiros, margens de rodovias, ferrovias, oleodutos e terminais e linhas de subestação de alta tensão.
    - **Chopper Florestal**: em pinus, aplicar 2,0 a 3,0 L ha^{-1} em pós-emergência da buva, em fase ativa de crescimento. Possui efeito residual.

12. Linuron:

    - **Afalon 450 SC**: registrado para uso na cultura da camomila, em dose de 1,0 L ha^{-1} (solos médios) a 2,0 L ha^{-1} (solos argilosos) em pós-emergência da cultura e da buva (fase inicial de desenvolvimento, até três a quatro folhas).

13. Picloram:

    - **Crater**: registrado para uso em pastagens, na dose de 3,5 L ha^{-1}.

2. Resultados de Pesquisa: Controle Químico da Buva

Além dos herbicidas já registrados para uso no controle da buva, diversos resultados de pesquisa foram recentemente disponibilizados. Os resultados de pesquisa estão sumarizados de acordo com a modalidade de aplicação e com o nível de controle observado. Em todas as tabelas, barras (/) indicam aplicações sequenciais, colchetes ([ ]) indicam misturas formuladas e sinal de mais (+) indica mistura em tanque. Exceto quando especificado de outra forma, DAA representa a data de realização da avaliação de controle, em dias após a aplicação. Em todas as tabelas, as doses são expressas em g ha^{-1} de ingrediente ativo, exceto no caso de glyphosate e 2,4-D, onde são expressas em g ha^{-1} de equivalente ácido.

Na Tabela 1 estão os resultados de controle da buva obtidos mediante a aplicação de herbicidas em pré-emergência da planta daninha e da cultura após o plantio.

Tabela 1. Opções de herbicidas para o controle de buva em pré-emergência após a semeadura da cultura. Todos os resultados referem-se a trabalhos desenvolvidos pela Universidade Estadual de Maringá (UEM), Universidade Estadual do Norte do Paraná (UENP) e EMBRAPA Soja.

Cultura	DAA	Controle $\geq$ 95%
Soja Cultivance®	60	[imazapic+imazapyr] ([12,5+36,78] e [18,38+55,44]) [imazapic+imazapyr] ([36,78+12,5] e [55,44+18,38])
Girassol Clearfield®	60	Sulfentrazone (20)

No entanto, quando a buva já está emergida no meio da cultura são necessárias outras alternativas, uma vez que, além do controle, deve-se observar a seletividade para a cultura. A Tabela 2 mostra as mais recentes opções testadas visando ao controle da buva após a semeadura das culturas. Em culturas transgênicas como o milho LL e a soja LL®, onde é possível utilizar amônio-glufosinato em aplicações únicas ou sequenciais, observa-se elevados níveis de controle. O mesmo acontece para a mistura de tembotrione+atrazine para o milho LL®. Já para culturas tolerantes a herbicidas inibidores de ALS, como o girassol Clearfield® e a soja Cultivance®, produtos como imazapyr ou a mistura formulada de [imazapic+imazapyr] mostraram-se passíveis de uso, proporcionando bons níveis de controle. Em pastagem, o metsulfuron foi uma boa alternativa para a buva, além do saflufenacil, que por possuir um mecanismo de ação diferenciado (Inibidor de Protox), também se constitui em boa alternativa para o controle, podendo ser interessante para alternar ou usar em mistura com inibidores de ALS. Além de proporcionarem bons níveis de controle, as opções comentadas aqui também foram seletivas para as referidas culturas.

Nas Tabelas 3, 4 e 5 são apresentadas diversas opções de herbicidas para o controle da buva na entressafra, sendo que estas informações referem-se a uma única aplicação do tratamento realizada em pós-emergência da planta daninha. Nestas tabelas, o estádio da buva no momento da aplicação foi avaliado em função do número de folhas. Pode-se observar que quanto menor o número de folhas da planta daninha maiores são os níveis de controle e as opções de herbicidas. À medida que aumenta o número de folhas, as alternativas para o controle químico se tornam menos eficientes, proporcionando menores níveis de controle, o que, no caso da buva, pode significar um grande índice de reinfestação.

Outra questão importante a se destacar nestas tabelas é que a grande maioria dos tratamentos, com exceção de glyphosate+2,4-D e glyphosate+saflufenacil (nas doses avaliadas), além de proporcionar controle em pós-emergência, também propiciam efeito residual. A questão do controle residual é também discutida na última tabela deste capítulo e ao longo do Capítulo 6. A junção do controle em pós-emergência e do efeito residual

Tabela 2. Opções de herbicidas para o controle de buva em pós-emergência da planta daninha e da cultura em aplicação única ou sequencial. Todos os resultados referem-se a trabalhos desenvolvidos pela Universidade Estadual de Maringá (UEM), Universidade Estadual do Norte do Paraná (UENP) e EMBRAPA Soja.

Cultura	Estádio Buva	DAA	Porcentagem de controle ≥ 95	90–95	80–90	50–80
Milho LL®	2-4 folhas	42	AG[1] (400, 500 e 600)	—	—	—
			tembotrione+atrazine (100,8+1000)[2]	—	—	—
			AG[1]/AG[1] (300/300)	—	—	—
Girassol Clearfield®	2-4 folhas	60	—	—	[imazapic+imazapyr][3] ([52,5+17,5], [12,25+36,75] e [17,5+52,5])	[imazapic+imazapyr][3] ([36,75+12,25])
			—	—	imazapyr[3] (56 e 70)	imazapyr[3] (40)
Soja Cultivance®	2-6 folhas	60	imazapyr[4] (57,6 e 72)	[imazapic+imazapyr][4] ([29,4+9,8])	—	—
			[imazapic+imazapyr][4] ([12,25+36,75])	—	—	—
Pastagem	4-6 folhas	42	—	saflufenacil[3] (49 e 70)	2,4-D (1005)	—
			—	metsulfuron (6)[3]	—	—
Soja LL®	2-4 folhas	42	AG[1] (400 e 700)	—	—	—
			AG[1]/AG[1] (400/400 e 700/700)	—	—	—

[1] Aplicado em conjunto com Áureo 0,5 L p.c. ha^{-1}. [2] Aplicado em conjunto com Áureo 1,0 L p.c. ha^{-1}.
[3] Aplicado em conjunto com Dash a 0,5% v v^{-1}. [4] Aplicado em conjunto com Assist a 1,0% v v^{-1}. AG: amônio-glufosinato.

Tabela 3. Opções de herbicidas para **aplicação única no controle de buva em pós-emergência na entressafra**. Todos os resultados referem-se a trabalhos desenvolvidos por Biffe et al. (2010) (estádio da buva em função do número de folhas).

Estádio Buva	DAA	**Porcentagem de controle ≥95**
3-5 folhas	30	glyphosate+2,4-D+flumioxazin[1] (960+536+75; 960+536+100 e 960+536+125) glyphosate+2,4-D+flumioxazin+chlorimuron[1] (960+536+75+20) glyphosate+2,4-D+flumioxazin+imazethapyr[1] (960+536+75+80) glyphosate+2,4-D+ chlorimuron[1] (960+536+20) glyphosate+2,4-D+diclosulam[1] (960+536+25,2) glyphosate+2,4-D+sulfentrazone[1] (960+536+350) glyphosate+2,4-D+flumioxazin[1] (960+536+60) glyphosate+2,4-D+imazethapyr[1] (960+536+80) glyphosate+2,4-D[1] (960+536)

[1] Aplicado em conjunto com Assist a 1,0% v v^{-1}.

no solo é, a nosso ver, determinante para se alcançar um manejo eficiente e duradouro da buva.

Nas Tabelas 6, 7, 8, 9, 10, 11 e 12 constam alternativas herbicidas para o controle da buva na entressafra, também referindo-se a uma única aplicação realizada em pós-emergência da planta daninha. No entanto, nestas tabelas os momentos das aplicações dos tratamentos foram definidos em função da altura das plantas de buva no momento da aplicação. Boa parte dos nossos experimentos e de outros pesquisadores tem demonstrado que quando se utiliza a altura da buva para se definir o momento mais apropriado para a intervenção química, o nível de acerto e o resultado final de controle geralmente são maiores. Desta forma, este parece ser o parâmetro mais adequado para a escolha da opção a ser utilizada quando se deseja fazer o controle de buva em pós-emergência.

Da mesma forma como observado anteriormente nas tabelas de controle em função do número de folhas, quanto menor o tamanho da buva, melhor o nível de controle. Várias das opções descritas são capazes de promover até 100% de controle da buva, principalmente quando as plantas estão com menos de 10 cm no momento da aplicação. Resultados excelentes são também obtidos com plantas de até 16 cm. Para plantas maiores que 16 cm, é possível obter bons níveis de controle, mas os resultados não são estáveis, podendo ocorrer graves falhas de controle.

Tabela 4. Opções de herbicidas para **aplicação única no controle de buva em pós-emergência na entressafra** (estádio da buva em função do número de folhas).

Estádio Buva	DAA	Porcentagem de controle ≥ 95	90–95	80–90	Referência
4-6 folhas	42	[saflufenacil+imazethapyr][1] ([26,7+75,3], [35,6+100,4] e [44,5+125,5])	[saflufenacil+imazethapyr][1] ([17,8+50,2])	—	2
		[glyphosate+imazethapyr] [720+90]	—	—	
2-6 folhas (maioria 6)	42	[saflufenacil+imazethapyr][1] ([26,7+75,3], [35,6+100,4] e [44,5+125,5])	—	[saflufenacil+imazethapyr][1] ([17,8+50,2])	2
		[glyphosate+imazethapyr] [720+90]	—	—	
8 folhas	45	glyphosate+saflufenacil[1] (360+35; 1080+35)	—	—	3
		glyphosate+2,4-D[1] (1080+1005) —	—		
		glyphosate+saflufenacil+ [glyphosate+imazethapyr][1] (360+35+[711,2+120])	—	—	

[1] Aplicado em conjunto com Dash 0,5% v v^{-1}.

[2] Trabalhos internos da Universidade Estadual de Maringá (UEM), Universidade Estadual do Norte do Paraná (UENP) e EMBRAPA Soja. [3] Constantin et al. (2011).

Tabela 5. Opções de herbicidas para **aplicação única no controle de buva em pós-emergência na entressafra** (estádio da buva em função do número de folhas).

Estádio Buva	DAA	Porcentagem de controle 90–95	Porcentagem de controle 80–90	Porcentagem de controle 50–80	Referência
10 folhas	28	—	glyphosate+diuron[1] (1440+2400)	glyphosate+atrazine[1] (1440+1500)	3
		—	glyphosate+[bromacil+diuron][1] (1440+[1200+1200])	—	
Pré-florescência	30	[glyphosate+imazethaphyr] +glyphosate+2,4-D[2] ([532,5+90]+720+806)	[glyphosate+imazethaphyr] +glyphosate[2] ([532,5+90]+540)	—	4
		—	glyphosate+imazaquin[2] (1080+70)	—	
		—	[glyphosate+imazethaphyr] +glyphosate+chlorimuron[2] ([532,5+90]+540+30)	—	

[1] Aplicado em conjunto com Dash 0,25% $v\ v^{-1}$.
[2] Aplicado em conjunto com Dash 0,5% $v\ v^{-1}$.
[3] Moreira et al. (2010).
[4] Osipe et al. (2010a).

Tabela 6. Opções de herbicidas para **aplicação única no controle de buva em pós-emergência na entressafra**. Todos os resultados referem-se a trabalhos desenvolvidos por Oliveira Neto (2011) (estádio da buva em função da altura das plantas).

Estádio Buva	DAA	Porcentagem de controle ≥ 95	90–95	80–90
2 cm	30	glyphosate+2,4-D[1] (960+536)	AG[1] (400)	MSMA[1] (2370)
		glyphosate+2,4-D+metsulfuron[1] (960+536+3,6)	glyphosate+2,4-D+imazethapyr[1] (960+536+100)	MSMA+imazethapyr[1] (2370+100)
		glyphosate+2,4-D+diclosulam[1] (960+536+33,5)	MSMA+metsulfuron[1] (2370+3,6)	—
		glyphosate+2,4-D+chlorimuron[1] (960+536+20)	—	—
		glyphosate+2,4-D+imazaquin[1] (960+536+180)	—	—
		glyphosate+2,4-D+flumioxazin[1] (960+536+125)	—	—
		glyphosate+2,4-D+metribuzin[1] (960+536+480)	—	—
		glyphosate+2,4-D+amicarbazone[1] (960+536+420)	—	—
		MSMA+chlorimuron[1] (2370+20)	—	—
		MSMA+diclosulam[1] (2370+33,6)	—	—
		MSMA+flumioxazin[1] (2370+150)	—	—
		MSMA+metribuzin[1] (2370+480)	—	—

[1] Aplicado em conjunto com Assist 0,5% v v^{-1}. AG: amônio-glufosinato.

Tabela 7. Opções de herbicidas para **aplicação única no controle de buva em pós-emergência na entressafra** (estádio da buva em função da altura das plantas).

Estádio Buva	DAA	Porcentagem de controle ≥ 95	Referência
2 cm	30	MSMA+amicarbazone[1] (2370+420)	2
		MSMA+isoxaflutole[1] (2370+56,25)	
		amicarbazone[1] (560)	
		AG+metsulfuron[1] (400+3,6)	
		AG+chlorimuron[1] (400+20)	
		AG+diclosulam[1] (400+33,6)	
		AG+imazethapyr[1] (400+100)	
		AG+imazaquin[1] (400+180)	
		AG+flumioxazin[1] (400+125)	
		AG+metribuzin[1] (400+480)	
		AG+amicarbazone[1] (400+420)	
		AG+isoxaflutole[1] (400+56,25)	
8 cm	40	AG[1] (500)	3
		MSMA[1] (2370)	
		2,4-D[1] (1340)	
		glyphosate+2,4-D[1] (720+1005)	
		glyphosate+2,4-D[1] (2160+1005)	
		AG+2,4-D[1] (500+1005)	
		glyphosate+AG[1] (720+500)	
		glyphosate+metsulfuron[1] (720+3,6)	
		glyphosate+AG+metsulfuron[1] (720+500+3,6)	

[1] Aplicado em conjunto com Assist 0,5% v v^{-1}. AG: amônio-glufosinato.
[2] Oliveira Neto (2011). [3] Blainski et al. (2010).

Tabela 8. Opções de herbicidas para **aplicação única no controle de buva em pós-emergência na entressafra** (estádio da buva em função da altura das plantas).

Estádio Buva	DAA	Porcentagem de controle ≥ 95	90–95	80–90	50–80	Referência
8 cm	40	glyphosate+AG+chlorimuron[1] (720+500+20)	—	—	—	[2]
		glyphosate+AG+flumioxazin[1] (720+500+100)	—	—	—	
		glyphosate+2,4-D+metsulfuron[1] (720+1005+3,6)	—	—	—	
		glyphosate+2,4-D+chlorimuron[1] (720+1005+20)	—	—	—	
		glyphosate+2,4-D+flumioxazin[1] (720+1005+100)	—	—	—	
10 cm	30	—	—	chlorimuron (25)	chlorimuron (20)	[3]
		—	—	—	2,4-D (1612)	
		—	—	—	paraquat (200)	
2-12 cm	30	glyphosate+2,4-D[1] (960+536)	MSMA+isoxaflutole[1] (2370+56,25)	AG[1] (400)	MSMA[1] (2370)	[4]
		glyphosate+2,4-D+diclosulam[1] (960+536+33,5)	AG+imazethapyr[1] (400+100)	glyphosate+2,4-D+ metsulfuron[1] (960+536+3,6)	MSMA+chlorimuron[1] (2370+20)	
		glyphosate+2,4-D+chlorimuron[1] (960+536+20)	AG+imazaquin[1] (400+180)	MSMA+metribuzin[1] (2370+480)	MSMA+diclosulam[1] (2370+33,6)	
		glyphosate+2,4-D+imazaquin[1] (960+536+180)	AG+flumioxazin[1] (400+125)	MSMA+amicarbazone[1] (2370+420)	MSMA+flumioxazin[1] (2370+150)	
		glyphosate+2,4-D+flumioxazin[1] (960+536+125)	—	AG+metsulfuron[1] (400+3,6)	MSMA+metsulfuron[1] (2370+3,6)	

AG: amônio-glufosinato. [1] Aplicado em conjunto com Assist a 0,5% v v^{-1}. [2] Blainski et al. (2010).
[3] Trabalhos internos da Universidade Estadual de Maringá (UEM), Universidade Estadual do Norte do Paraná (UENP) e EMBRAPA Soja. [4] Oliveira Neto (2011).

Tabela 9. Opções de herbicidas para **aplicação única no controle de buva em pós-emergência na entressafra** (estádio da buva em função da altura das plantas).

Estádio Buva	DAA	Porcentagem de controle ≥ 95	90–95	80–90	50–80	Referência
2-12 cm	30	glyphosate+2,4-D+metribuzin[1] (960+536+480)	—	AG+chlorimuron[1] (400+20)	MSMA+flumioxazin[1] (2370+125)	2
		glyphosate+2,4-D+amicarbazone[1] (960+536+420)	—	AG+diclosulam[1] (400+33,6)	amicarbazone[1] (560)	
		glyphosate+2,4-D+isoxaflutole[1] (960+536+56,25)	—	AG+amicarbazone[1] (400+420)	—	
		AG+metribuzin[1] (400+480)	—	AG +isoxaflutole[1] (400+56,3)	—	
8-16 cm	40	AG[1] (500)	2,4-D[1] (1340)	glyphosate+metsulfuron[1] (720+3,6)	—	3
		MSMA[1] (2370)	—	—	—	
		glyphosate+2,4-D[1] (720+1005)	—	—	—	
		glyphosate+2,4-D[1] (2160+1005)	—	—	—	
		AG+2,4-D[1] (500+1005)	—	—	—	
		glyphosate+AG[1] (720+500)	—	—	—	
		glyphosate+AG+metsulfuron[1] (720+500+3,6)	—	—	—	
		glyphosate+AG+chlorimuron[1] (720+500+20)	—	—	—	
		glyphosate+AG+flumioxazin[1] (720+500+100)	—	—	—	
		glyphosate+2,4-D+metsulfuron[1] (720+1005+3,6)	—	—	—	
		glyphosate+2,4-D+chlorimuron[1] (720+1005+20)	—	—	—	
		glyphosate+2,4-D+flumioxazin[1] (720+1005+100)	—	—	—	

[1] Aplicado em conjunto com Assist a 0,5% v v^{-1}. AG: amônio-glufosinato.
[2] Oliveira Neto (2011). [3] Blainski et al. (2010).

Tabela 10. Opções de herbicidas para **aplicação única no controle de buva em pós-emergência na entressafra** (estádio da buva em função da altura das plantas).

Estádio Buva	DAA	Porcentagem de controle ≥ 95	90–95	80–90	50–80	Referência
16-20 cm	40	MSMA[1] (2370)	glyphosate+ 2,4-D+ flumioxazin[1] (720+1005+100)	AG[1] (500)	2,4-D[1] (1340)	2
		glyphosate+2,4-D[1] (2160+1005)	—	glyphosate+ 2,4-D[1] (720+1005)	glyphosate+ metsulfuron[1] (720+3,6)	
		AG +2,4-D[1] (500+1005)	—	—	—	
		glyphosate+AG[1] (720+500)	—	—	—	
		glyphosate+AG+ metsulfuron[1] (720+500+3,6)	—	—	—	
		glyphosate+AG+ chlorimuron[1] (720+500+20)	—	—	—	
		glyphosate+AG+ flumioxazin[1] (720+500+100)	—	—	—	
		glyphosate+2,4-D+ metsulfuron[1] (720+1005+3,6)	—	—	—	
		glyphosate+2,4-D+ chlorimuron[1] (720+1005+20)	—	—	—	

AG: amônio-glufosinato.

[1] Aplicado em conjunto com Assist a 0,5% v v^{-1}.

[2] Blainski et al. (2010).

Tabela 11. Opções de herbicidas para **aplicação única no controle de buva em pós-emergência na entressafra** (estádio da buva em função da altura das plantas).

Estádio Buva	DAA	Porcentagem de controle ≥ 95	90–95	80–90	50–80	Referência
10-25 cm	42	glyphosate+saflufenacil[1] (1080+24,5; 1080+35; 1080+49) (2370)	—	glyphosate+ chlorimuron[2] (1080+20)	glyphosate+ flumioxazin[2] (1080+40)	3
		glyphosate+diclosulam[2] (1080+25,2)	—	glyphosate+2,4-D (1080+1080)	—	
10-30 cm	28	glyphosate+ [glyphosate+imazethapyr]+ saflufenacil[1] (547,2+[533,4+90]+24,5); (547,2+[533,4+90]+35) e (547,2+[533,4+90]+49)	glyphosate+saflufenacil[1] (1080+35)	—	glyphosate+[glyphosate+ imazethapyr] (547,2+[533,4+90])	4
15-30 cm (maioria 20 cm)	30	[glyphosate+imazethapyr]+glyphosate[1] ([533,4+90]+540)	—	—	—	5
		[glyphosate+imazethapyr]+glyphosate +chlorimuron[1] ([533,4+90]+540+15)	—	—	—	
		[glyphosate+imazethapyr]+glyphosate +2,4-D[1] ([533,4+90]+720+806)	—	—	—	
		glyphosate+imazaquin[1] (1080+70)	—	—	—	
15-30 cm	28	glyphosate+saflufenacil[1] (720+35; 720+50; 720+70)	saflufenacil[1] (70)	—	—	6
30 cm	28	glyphosate+saflufenacil[1] (1080+24,5; 1080+35 e 1080+49)	—	—	—	7
		—	glyphosate+[glyphosate+imazethapyr] +saflufenacil[1] (360+[531+90]+35)	—	—	

[1] Aplicado em conjunto com Dash a 0,5% $v\ v^{-1}$. [2] Aplicado em conjunto com Assist a 0,5% $v\ v^{-1}$.
[3] Belani et al. (2010a). [4] Belani et al. (2010b). [5] Osipe et al. (2010a). [6] Osipe et al. (2010b). [7] Valente et al. (2011).

Tabela 12. Opções de herbicidas para **aplicação única no controle de buva em pós-emergência na entressafra** (estádio da buva em função da altura das plantas).

Estádio Buva	DAA	Porcentagem de controle ≥ 95	90–95	80–90	50–80	Referência
31-41 cm	28	glyphosate+saflufenacil[1] (1080+49)	—	glyphosate+saflufenacil[1] (1080+24,5 e 1080+35)	—	3
		—	—	glyphosate+[glyphosate +imazethapyr]+saflufenacil[1] (360+[531+90]+35)	—	
10-15 cm	30	glyphosate+2,4-D (1080+1209)	glyphosate+diuron +paraquat (1080+200+400)	glyphosate+diuron +paraquat (1080+150+300)	glyphosate+chlorimuron (1080+32,0)	4
		glyphosate+diclosulam (1080+35,28)	—	—	—	
45-60 cm	28	—	—	glyphosate+saflufenacil[1] (1080+49)	glyphosate+saflufenacil[1] (1080+24,5 e 1080+35)	5
		—	—	—	glyphosate+[glyphosate +imazethapyr] +saflufenacil[1] (360+[531+90]+35)	
65 cm	45	—	—	glyphosate+2,4-D+chlorimuron[2] (1080+576+10 e 1080+576+20)	glyphosate+2,4-D (1080+576)	6

[1] Aplicado em conjunto com Dash a 0,5% v v^{-1}. [2] Aplicado em conjunto com Assist a 0,5% v v^{-1}.
[3] Valente et al. (2011). [4] Paula et al. (2010). [5] Valente et al. (2011). [6] Valente et al. (2010).

Também nestas tabelas a maioria dos tratamentos possui efeito de pós e de pré-emergência, apesar de serem mostrados apenas os resultados de pós-emergência.

As Tabelas 13 e 14 apresentam opções para o controle de buva em pós-emergência utilizando aplicações sequenciais. Normalmente, esta modalidade de controle é adotada quando as plantas de buva apresentam maior desenvolvimento, uma vez que aplicações únicas de herbicidas nestas condições proporcionam considerável nível de falhas. Com o uso de aplicações sequenciais de herbicidas, espera-se melhor nível de controle de plantas de buva maiores. Normalmente as aplicações sequenciais são compostas por duas aplicações, separadas entre si por um período de 7 a 15 dias. Os resultados obtidos em diversos experimentos conduzidos com aplicações sequenciais têm indicado que não se deve esperar o início da rebrota da buva para realizar a segunda aplicação.

Apesar das aplicações sequenciais serem uma boa opção para o manejo de plantas de buva maiores, esta técnica não deve ser utilizada como opção preferencial de controle, pois frequentemente os resultados podem ficar aquém do desejado. O mais seguro no controle da buva são aplicações com plantas pequenas, ficando as aplicações sequenciais reservadas para situações de escapes, onde não foi possível a aplicação mais cedo, ou como forma de alternar os mecanismos de ação dos herbicidas utilizados.

Nas Tabelas 15 e 16 são apresentadas algumas opções provenientes de pesquisas recentes, visando ao controle de buva em pré-emergência durante a entressafra. Todos os tratamentos químicos destas tabelas também possuem efeito de controle em pós-emergência, os quais foram discutidos em tabelas anteriores. No caso específico do flumioxazin, existe apenas ação em pré-emergência, não sendo recomendado isoladamente para o controle da buva em pós-emergência.

Verifica-se que bom controle residual pode ser obtido, por períodos de 45 a 90 dias após a aplicação (DAA), dependendo do tratamento. No entanto, para o estado do Paraná, na maioria dos casos, a entressafra entre a colheita do milho safrinha e a semeadura da cultura de verão, é de aproximadamente 60 dias. Portanto, tratamentos herbicidas com período de atividade residual de controle que atendam este período seriam suficientes para que a semeadura de verão fosse realizada sem problemas.

Mais uma vez é muito importante salientar que o efeito residual do herbicida para buva não deve ser medido apenas pelo número de plantas emergidas após a aplicação. Embora o controle em termos de densidade de infestação seja importante, mais relevante ainda é o tamanho das plantas de buva no momento da dessecação de manejo pré-semeadura. Desta forma, o efeito residual do tratamento herbicida adotado deverá ser suficiente para que, no momento da dessecação pré-semeadura, as plantas de buva estejam ainda pequenas, em um estádio onde é possível o controle com uma única aplicação, podendo-se plantar em seguida.

Tabela 13. Opções de herbicidas para o controle de buva em pós-emergência com aplicações antes da semeadura da soja (**manejo sequencial**) (estádio da buva em função da altura das plantas).

Estádio Buva	DAA*	Porcentagem de controle ≥ 95	90–95	80–90	50–80	Referência
20 cm	30/11	glyphosate+chlorimuron (1080+15)/[paraquat+diuron][3] ([300+150])	—	—	—	4
		glyphosate+2,4-D (1080+1005)/ [paraquat+diuron][3] ([300+150])	—	—	—	
30 cm	21/28	—	glyphosate+ [glyphosate+imazethapyr][2] (1080+[531+90]) /saflufenacil (35)[1]	—	—	5
20-35 cm	56/28	glyphosate+2,4-D (1080+720) /glyphosate+saflufenacil[1] (1080+35)	—	—	—	6
		glyphosate+2,4-D (1080+720)/ [paraquat+diuron][3] ([600+300])	—	—	—	
		glyphosate+saflufenacil[1] (1080+35)/glyphosate+saflufenacil[1] (1080+35)	—	—	—	
40 cm	84/50	glyphosate+2,4-D (1920+806)/glyphosate (1920)	—	atrazine+2,4-D (1500+806)/glyphosate (1920)	atrazine (1000) /glyphosate (1920)	7
		glyphosate+chlorimuron (1920+15)/glyphosate (1920)	—	paraquat+atrazine (300+1000)/glyphosate (1920)	paraquat (300)/glyphosate (1920)	

* Os números na coluna DAA representam a data da avaliação, em dias após primeira aplicação/dias após a segunda aplicação.
[1] Aplicado em conjunto com Dash a 0,5% v v^{-1}. [2] Aplicado em conjunto com Assist a 0,5% v v^{-1}.
[3] Osipe et al. (2010c). [4] Valente et al. (2011). [5] Osipe et al. (2011). [6] Karan et al. (2010).

Tabela 14. Opções de herbicidas para o controle de buva em pós-emergência com aplicações antes da semeadura da soja (**manejo sequencial**).

Estádio Buva	DAA*	Porcentagem de controle ≥ 95	90–95	80–90	50–80	Referência
40 cm	84/50	glyphosate+atrazine (1920+1000)/ glyphosate (1920)	—	2,4-D (806)/glyphosate (1920)	chlorimuron (15)/ glyphosate (1920)	6
		AG (800)/glyphosate (1920)	—	atrazine (1500)/ glyphosate (1920)	—	
31-45 cm	21/28	—	—	glyphosate(1080)/ [glyphosate+imazethapyr] +saflufenacil[1] ([531+90]+35)	—	7
45-60 cm	21/28	—	—	—	glyphosate(1080)/ [glyphosate +imazethapyr] +saflufenacil[1] ([531+90]+35)	8
65 cm	45/32	chlorimuron+2,4-D[2] (20+576)/ glyphosate+chlorimuron[2] (720+40)	—	—	—	9
Início Floração	51/27	glyphosate+2,4-D (900+670)/ AG[3] (400)	—	glyphosate+chlorimuron (900+20)/AG[4] (500)	—	10
		glyphosate+2,4-D (900+670)/ AG[3] (500)	—	glyphosate (900)/ [paraquat +diuron][5] ([400+200])	—	
		glyphosate+2,4-D+metribuzin (900+670+480)/AG[4] (500)	—	—	—	

* Os números na coluna DAA representam a data da avaliação, em dias após primeira aplicação/dias após a segunda aplicação.
[1] Aplicado em conjunto com Dash a 0,5% v v^{-1}. [2] Aplicado em conjunto com Assist a 0,5% v v^{-1}.
[3] Aplicado em conjunto com Áureo a 1,0 L p.c. ha^{-1}. [4] Aplicado em conjunto com Áureo a 0,5 L p.c. ha^{-1}.
[5] Aplicado em conjunto com Agral a 0,5 L p.c. ha^{-1}. [6] Karan et al. (2010). [7] Valente et al. (2011). [8] Valente et al. (2011).
[9] Valente et al. (2010). [10] Ferreira et al. (2010).

Tabela 15. Opções de herbicidas para o controle residual de buva durante a entressafra.

DAA	Porcentagem de controle			Referência
	≥ 95	90–95	80–90	
60	diclosulam (33,57)	chlorimuron (20)	[imazapic+imazapyr] ([39,38+13,13])	1
	[imazapic+imazapyr] ([65,38+21,88] e [78,63+26,25])	[imazapic+imazapyr] ([52,5+17,5])	—	
	[imazapic+imazapyr] ([10,0+42,0] e [12,5+52,5]	—	—	
45 e 60	glyphosate+2,4-D+flumioxazin (960+536+75; 960+536+100 e 960+536+125)	—	glyphosate+2,4-D+flumioxazin (960+536+60)	2
	glyphosate+2,4-D+flumioxazin+chlorimuron (960+536+75+20)	—	glyphosate+2,4-D+imazethapyr (960+536+80)	
	glyphosate+2,4-D+flumioxazin+imazethapyr (960+536+75+80)	—	—	
	glyphosate+2,4-D+chlorimuron (960+536+20)	—	—	
	glyphosate+2,4-D+diclosulam (960+536+25,2)	—	—	
	glyphosate+2,4-D+sulfentrazone (960+536+350)	—	—	

* Os números na coluna DAA representam a data da avaliação, em dias após primeira aplicação/dias após a segunda aplicação.
[1] Trabalhos internos da Universidade Estadual de Maringá (UEM), Universidade Estadual do Norte do Paraná (UENP) e EMBRAPA Soja. [2] Biffe et al. (2010).

OBS.: Os adjuvantes foram omitidos em função do foco desta tabela ser o controle residual, e não o controle em pós-emergência. Estas informações estão descritas em tabelas anteriores neste capítulo.

Tabela 16. Opções de herbicidas para o controle de buva em pós-emergência com aplicações antes da semeadura da soja (**manejo sequencial**).

DAA*	Porcentagem de controle				Referência
	≥ 95	**90–95**	**80–90**	**50–80**	
75	glyphosate+2,4-D+ flumioxazin+chlorimuron (960+536+75+20)	glyphosate+2,4-D+ chlorimuron (960+536+20)	glyphosate+2,4-D+flumioxazin (960+536+75; 960+536+100 e 960+536+125)	glyphosate+2,4-D+ flumioxazin (960+536+60)	1
	—	glyphosate+2,4-D+diclosulam (960+536+25,2)	glyphosate+2,4-D+imazethapyr (960+536+80)	—	
	—	—	glyphosate+2,4-D+sulfentrazone (960+536+350)	—	
	—	—	glyphosate+2,4-D+metsulfuron (960+536+3,6)	—	
90	—	—	glyphosate+2,4-D+flumioxazin+chlorimuron (960+536+75+20)	glyphosate+2,4-D+ flumioxazin (960+536+75; 960+536+100 e 960+536+125)	1
	—	—	glyphosate+2,4-D+chlorimuron (960+536+20)	glyphosate+2,4-D+ imazethapyr (960+536+80)	
	—	—	glyphosate+2,4-D+diclosulam (960+536+25,2)	glyphosate+2,4-D+ sulfentrazone (960+536+350)	

* OBS.: Os adjuvantes foram omitidos em função do foco desta tabela ser o controle residual, e não o controle em pós-emergência. Estas informações estão descritas em tabelas anteriores neste capítulo.

[1] Biffe et al. (2010).

Referências

Belani, R.B.; Etcheverry, M.I.; Martins, L.A. & Rocha, C.L., Efeito de Kixor em associação com glyphosate para controle de buva em dessecação pré-plantio da soja. In: *Resumos do 27º Congresso Brasileiro da Ciência das Plantas Daninhas*. Ribeirão Preto, SP: FUNEP, p. 2367–2371, 2010a.

Belani, R.B.; Etcheverry, M.I.; Martins, L.A. & Rocha, C.L., Kixor em associação com Alteza 30 SL no manejo de plantas de *Conyza bonariensis* em pré-plantio da soja. In: *Resumos do 27º Congresso Brasileiro da Ciência das Plantas Daninhas*. Ribeirão Preto, SP: FUNEP, p. 2372–2376, 2010b.

Biffe, D.F.; Constantin, J.; Franchini, L.H.M.; Raimondi, M.A.; Rios, F.A.; Gheno, E.A.; Gemelli, A. & Martini, P., Manejo outonal de buva (*Conyza bonariensis*) com diferentes herbicidas de ação residual (Trabalho II). In: *Resumos do 27º Congresso Brasileiro da Ciência das Plantas Daninhas*. Ribeirão Preto, SP: FUNEP, p. 1542–1546, 2010.

Blainski, E.; Francischini, A.C.; Constantin, J.; Oliveira Jr., R.S.; Raimondi, M.A.; Biffe, D.F.; Santos, G.; Franchini, L.H.M. & Rios, F.A., Avaliação da eficácia de diferentes alternativas herbicidas no controle de *Conyza* sp. em diferentes estádios de desenvolvimento. In: *Resumos do 27º Congresso Brasileiro da Ciência das Plantas Daninhas*. Ribeirão Preto, SP: FUNEP, p. 658–66, 2010.

Constantin, J.; Oliveira Neto, A.M.; Guerra, N.; Dan, H.A. & Braz, G.B.P., Misturas de glyphosate e saflufenacil visando o manejo de *Conyza* spp. no período de entressafra no noroeste do Paraná. In: *Resumos do 3º Simpósio Internacional de Glyphosate*. Botucatu, SP: FEPAF, p. 187–190, 2011.

Ferreira, C.; Osipe, J.B.; Alves, K.A.; Sorace, M.A.; Osipe, R. & Brito Neto, A.J., Avaliação da eficiência do herbicida Finale (amônio glufosinato) aplicado na modalidade seqüencial, no controle químico de buva, na operação de manejo em plantio direto, da cultura da soja. In: *Resumos do 27º Congresso Brasileiro da Ciência das Plantas Daninhas*. Ribeirão Preto, SP: FUNEP, p. 1435–1439, 2010.

Karan, D.; Silva, J.A.A.; Gazziero, D.L.P. & Vargas, L., Manejo químico de buva (*Conyza bonariensis*) pelo uso de herbicidas isolados e em misturas. In: *Resumos do 27º Congresso Brasileiro da Ciência das Plantas Daninhas*. Ribeirão Preto, SP: FUNEP, p. 639–643, 2010.

Moreira, M.S.; Melo, M.S.C.; Carvalho, S.J.P.; Nicolai, M. & Christoffoleti, P.J., Herbicidas alternativos para o controle de *Conyza bonariensis* e *C. canadensis* resistente ao glyphosate. *Planta Daninha*, 28(1):167–175, 2010.

Oliveira Neto, A.M., *Manejo Outonal de* **Conyza** *spp. Baseado em Glyphosate + 2,4-D, MSMA e Amônio-glufosinato Aplicados Isoladamente ou em Mistura com Herbicidas Residuais.* Dissertação de mestrado em Agronomia – Proteção de Plantas, Universidade Estadual de Maringá, Maringá, PR, 2011. 62 p.

Osipe, J.B.; Ferreira, C.; Osipe, R.; Adegas, F.S.; Gazziero, D.L.P. & Belani, R.B., Avaliação do controle químico de buva com o herbicida Kixor associado a outros produtos. In: *Resumos do 27º Congresso Brasileiro da Ciência das Plantas Daninhas.* Ribeirão Preto, SP: FUNEP, p. 1864–1867, 2010b.

Osipe, J.B.; Ferreira, C.; Osipe, R.; Cossa, C.A.; Katakura, M. & Baldini, V., Eficiência do herbicida Alteza 30 no controle de buva, quando aplicado em diferentes misturas na pós-emergência, na operação de manejo em plantio direto. In: *Resumos do 27º Congresso Brasileiro da Ciência das Plantas Daninhas.* Ribeirão Preto, SP: FUNEP, p. 357–361, 2010a.

Osipe, J.B.; Zeny, E.P.; Cunha, B.A.; Osipe, R.; Rios, F.A.; Franchini, L.H.M.; Braz, G.B.P. & Teixeira, E.S., Eficiência de misturas de herbicidas no controle de buva em diferentes alturas. In: *Resumos do 3º Simpósio Internacional de Glyphosate.* Botucatu, SP: FEPAF, p. 199–202, 2011.

Osipe, R.; Adegas, F.S.; Osipe, J.B. & Sorace, M.A., Épocas de aplicação complementar de Gramocil no manejo químico da buva (*Conyza sp.*). In: *Resumos do 27º Congresso Brasileiro da Ciência das Plantas Daninhas.* Ribeirão Preto, SP: FUNEP, p. 362–366, 2010c.

Paula, J.M.; Vargas, L. & Agostinetto, D., Manejo de *Conyza bonariensis* resistente ao herbicida glyphosate. *Planta Daninha,* 29(1):217–227, 2010.

Rodrigues, B.N. & Almeida, F.S., *Guia de Herbicidas.* 6ª edição. Londrina, PR: Edição dos autores, 2011. 697 p.

Valente, R.O.; Valente, T.R.; Andrioli, C.A. & Artuzi, J.P., Efeito de dessecantes em *Conyza canadensis* resistente a inibidores de EPSPs. In: *Resumos do 27º Congresso Brasileiro da Ciência das Plantas Daninhas.* Ribeirão Preto, SP: FUNEP, p. 586–590, 2010.

Valente, T.O.; Andrioli, C.A.; Valente, T.R. & Rocha, C.L., Efeito de saflufenacil como dessecante em *Conyza canadensis* resistente a inibidores de EPSPs em três estágios vegetativos. In: *Resumos do 3º Simpósio Internacional de Glyphosate.* Botucatu, SP: FEPAF, p. 341–343, 2011.

Capítulo 8

Potencial de *Carryover* de Herbicidas com Atividade Residual Usados em Manejo Outonal

Diego Gonçalves Alonso, Rubem Silvério de Oliveira Jr., Jamil Constantin

1. Introdução

Uma vantagem do manejo de buva após a colheita do milho "safrinha" é a ausência de culturas no momento da aplicação de herbicidas. Assim, pode-se trabalhar com produtos não seletivos de mecanismos de ação variados, ampliando o espectro de controle de plantas daninhas e, melhorando o controle das espécies tolerantes e resistentes determinados mecanismos.

Como o período de entressafra entre a colheita do milho safrinha e o próximo cultivo de verão varia entre 45 e 90 dias, em muitos casos há necessidade do uso de herbicidas com atividade residual no solo, visando à prevenção de novos fluxos de emergência neste período. Herbicidas com maior persistência no solo podem propiciar o controle de vários fluxos de germinação das plantas daninhas, possibilitando que não haja reinfestação da área neste período. Entretanto, a escolha do herbicida adequado deve levar em consideração, além da comunidade infestante, as características físicas e químicas do solo (principalmente pH, textura e teor de carbono orgânico), as quais regulam o período de atividade residual e, obviamente qual a espécie que será cultivada a seguir.

Herbicidas com atividade residual mais longa do que o intervalo entre cultivos podem proporcionar efeitos negativos nas culturas subseqüentes devido à presença de resíduos com atividade biológica que permanecem no solo em concentrações suficientes para promover injúrias, sejam estes moléculas do herbicida ou seus metabólitos. Este fenômeno é denominado *carryover*.

O potencial de *carryover* é função do herbicida utilizado, da eficiência da aplicação, da cultura em sucessão e das condições ambientais após a aplicação da molécula. O planejamento da rotação de culturas deve ser criterioso para evitar este problema (Oliveira Jr., 2002).

Resultados obtidos por trabalhos realizados pelo NAPD/UEM (Blainski et al., 2009; Blainski, 2011; Oliveira Neto et al., 2010; Oliveira Neto, 2011) indicam que herbicidas como amicarbazone, chlorimuron, diclosulam, flumioxazin, imazaquin, imazethapyr, isoxaflutole, metribuzin e

 ISBN 978-85-64619-06-7

metsulfuron apresentam potencial de uso para o controle residual da buva no manejo outonal. Outro herbicida, MSMA, também tem sido avaliado como alternativa ao glyphosate em áreas de resistência.

No entanto, a escolha do herbicida com atividade residual a ser utilizado no manejo outonal deve levar em conta qual a cultura que será implantada no ciclo a seguir. Quando a espécie a ser cultivada é o milho, por exemplo, espera-se que não existam problemas de *carryover* com a utilização de isoxaflutole no manejo outonal, uma vez que este herbicida é considerado seletivo para a cultura. Por outro lado, herbicidas como chlorimuron, diclosulam, flumioxazin, imazaquin, imazethapyr, metribuzin, metsulfuron e MSMA, que não apresentam registro para uso na cultura, precisam ser investigados quanto ao seu potencial de afetar o crescimento do milho. Raciocínio semelhante deve ser levado em conta visando à soja, procurando-se avaliar o potencial de *carryover* do amicarbazone, isoxaflutole, metribuzin, metsulfuron e MSMA. No caso da soja, embora o metribuzin apresente registro para uso na cultura, sabe-se que há um nível de resposta variável em termos de tolerância entre variedades.

Neste sentido, encontram-se em fase de desenvolvimento na UEM trabalhos de pesquisa visando avaliar o potencial de *carryover* destes herbicidas para o milho e para a soja. Abaixo encontram-se alguns resultados parciais (Alonso et al., 2011) e uma revisão das recomendações atualmente disponíveis, no Brasil e no exterior.

2. Metodologia

O impacto da atividade residual de alguns destes herbicidas com potencial de uso no manejo outonal sobre as culturas da soja (cultivar BMX Titan RR) e do milho (cultivar DKB 390 YG) foi estudado em casa-de-vegetação. Foram realizados experimentos em dois solos com texturas contrastantes (Tabela 1). Em cada experimento, os herbicidas foram aplicados em datas que equivaliam a intervalos de 0, 30, 60, 90 e 120 dias entre a aplicação e a semeadura da soja ou do milho nas unidades experimentais.

Tabela 1. Propriedades físico-químicas das amostras dos solos utilizados nos experimentos. Maringá (PR), 2010. Fonte: Laboratório de Solos da Universidade Estadual de Maringá.

Solo	pH H_2O	C	Areia	Argila	Textura
		(%)			
A	5,6	0,49	17	72	Muito argilosa
B	5,8	0,78	66	32	Franco-argilo-arenosa (Média)

Vasos de 5 dm^3 de capacidade foram preenchidos por amostras de solo e cobertos com palha de aveia na superfície, simulando uma condição de plantio direto equivalente a 3,5 toneladas ha^{-1} de matéria seca. O solo foi levemente umedecido 24 horas antes da aplicação dos herbicidas. No momento da aplicação dos herbicidas, os vasos estavam posicionados de modo que a borda superior deles estivesse 50 cm abaixo da altura da barra de aplicação. Logo após a aplicação dos tratamentos foi realizada a semeadura das culturas, representando a época 0. Posteriormente, aos 30, 60, 90 e 120 dias após a aplicação dos herbicidas (DAA) foram semeados os demais tratamentos. Foram semeadas oito sementes de milho e quatro sementes de soja por vaso, mantendo-se todas as plantas emergidas até 15 DAA. Utilizou-se quatro repetições.

Nos períodos entre a aplicação dos herbicidas e a semeadura das culturas, os vasos foram irrigados a cada três dias, de modo que o total de água aplicado a cada 30 dias representasse o índice pluviométrico médio da região de Maringá para o período de 15 de junho a 15 de outubro (Tabela 2). Após a semeadura, os vasos foram mantidos com irrigação diária até o encerramento das avaliações, que ocorreu aos 15 dias após a emergência da soja e do milho.

Tabela 2. Precipitação (mm) simulada nos períodos entre a aplicação dos herbicidas e a semeadura do milho e da soja nos experimentos conduzidos em casa de vegetação.

Intervalo (dias)	Precipitação Simulada (mm)
0–30 DAA* (16 de junho a 15 de Julho)	66,7
30–60 DAA* (16 de julho a 15 de Agosto)	78,3
60–90 DAA* (16 de agosto a 15 de setembro)	117,5
90–120 DAA* (16 de setembro a 15 de outubro)	151,1

Índice pluviométrico médio (1998 -2007) nos meses de inverno em Maringá, PR.
* Dias após a aplicação dos herbicidas.

Os resultados discutidos a seguir foram obtidos por meio de pesagem da massa seca da parte aérea das plantas, coletadas aos quinze dias após a emergência de cada cultura. Foi considerado como redução de matéria seca tolerável o limite aleatório de 10%, assim, os valores inferiores a 90% da massa seca produzida pela testemunha sem herbicida (dose zero) foram considerados prejudiciais ao desenvolvimento inicial da cultura.

A ocorrência do efeito de *carryover* depende em grande parte das condições de clima e solo predominantes. Neste sentido, as informações disponíveis para as condições brasileiras (clima tropical/subtropical) muitas vezes podem ser diferentes daquelas disponibilizadas, por exemplo, para os Estados Unidos (onde predominam condições de clima temperado). Abaixo, são discutidas algumas recomendações oriundas de áreas de clima temperado, onde a velocidade de degradação dos produtos no solo é naturalmente mais lenta, as quais nem sempre se assemelham às condições que predominam no Brasil, onde a degradação tende a ser mais rápida e o potencial de *carryover*, menor.

3. Potencial de *Carryover* Para a Cultura da Soja

3.1 Isoxaflutole

Os sintomas observados na cultura da soja após a semeadura em solo onde foi aplicado o herbicida isoxaflutole (56,25 g ha^{-1}) foram branqueamento em mosaico e encarquilhamento das folhas unifolioladas dos primeiros trifólíolos (Figura 1(a)). A produção de matéria seca foi mais afetada para períodos de semeadura de até 60 DAA em solo argiloso e até 120 DAA para o solo de textura média (Alonso et al., 2011).

(a) (b) (c) (d)

Figura 1. Injúrias observadas na soja (cv. BMX Titan RR.) em função da atividade residual no solo de isoxaflutole (a); amicarbazone (b); metribuzin (c) e metsulfuron (d).

Não há informações sobre período de tempo entre aplicação e a semeadura de culturas em sucessão no Brasil (Rodrigues & Almeida, 2011). No entanto, as recomendações de bula do isoxaflutole em outros países indicam que:

- Períodos prolongados de seca ou de frio podem resultar em maiores períodos para plantio de culturas sensíveis, mesmo quando a precipitação excede a quantidade requerida nas informações abaixo.
- Por outro lado, chuvas pesadas depois de um período prolongado de seca podem resultar na reativação do isoxaflutole, o que pode levar a branqueamento transitório ou à paralisação do crescimento.
- Na Austrália, os períodos mínimos para novos plantios variam entre dez semanas (trigo, cevada, aveia e milho) (acompanhada de precipitação de 100 mm) e 21 meses (+500 mm de chuva) (para lentilha e trevo). No caso da soja, a bula prescreve período de sete meses (+250 mm de chuva) como período de segurança para plantio após o seu uso (Bayer CropScience Pty Ltd., 2011). Nos Estados Unidos, o período recomendado antes da semeadura de soja é de seis meses (Bayer CropScience, 2011).

3.2 Amicarbazone

Amicarbazone (420 g ha^{-1}) foi o único herbicida avaliado para a cultura da soja que promoveu morte de plantas, chegando a causar redução total do estande para semeadura realizada até 60 DAA em solo argiloso. Após este período e no solo de textura média, os sintomas observados nas plantas que emergiram foram clorose internerval, seguida por necrose intensa nas folhas unifolioladas (Figura 1(b)). Os resultados sugerem que a utilização da dose de 420 g ha^{-1} de amicarbazone inviabiliza a semeadura de soja por períodos de pelo menos 120 DAA independente da textura do solo (Alonso et al., 2011).

Para a faixa de doses de amicarbazone utilizada em cana (1050 a 1400 g ha^{-1}), Rodrigues & Almeida (2011) recomendam um período de um ano entre a aplicação de amicarbazone e a semeadura de culturas em rotação. Apesar da dose de 420 g ha^{-1} ter demonstrado um efeito de *carryover* prolongado para a soja, resultados de outros trabalhos atualmente em andamento (UEM) sugerem que doses entre 210 e 280 g ha^{-1} de amicarbazone aplicadas no manejo outonal podem ser mais seletivas à soja semeada posteriormente e talvez possam apresentar potencial de uso nesta modalidade.

Não há informações disponíveis sobre *carryover* de amicarbazone em outros países.

3.3 Metribuzin

Clorose internerval, redução no porte, necrose nos bordos das folhas chegando a comprometer 100% da área foliar de algumas folhas afetadas foram os sintomas observados até a semeadura realizada aos 30 DAA no solo argiloso e os mesmos sintomas, porém menos intensos, foram observados na semeadura logo após a aplicação (0 DAA) no solo de textura média (Figura 1(c)). Mesmo não havendo sintomas visíveis após estes períodos, o metribuzin (480 g ha^{-1}) comprometeu a produção de matéria seca até 90 DAA no solo argiloso, não havendo mais efeito negativo aos 120 DAA. Por outro lado, no solo de textura média a redução de matéria seca foi intensa somente na semeadura logo após a aplicação (0 DAA), não existindo mais redução do desenvolvimento da soja em semeaduras realizadas a partir dos 30 DAA. Os dados referem-se exclusivamente à cultivar BMX Titan RR (Alonso et al., 2011).

Embora apresente registro para uso na cultura da soja, sabe-se que certas variedades de soja (FT-21 Siriema, FT-Cometa, Coodetec 206, BRS 132, UFV-19, UFV-20, Campos Gerais, FT-1, FT-11 Alvorada e EMBRAPA 132) (Rodrigues & Almeida, 2011) apresentam maior sensibilidade, devendo-se evitar seu uso nestas variedades. Portanto, a variedade utilizada nestes trabalhos mostrou-se sensível ao metribuzin, devendo-se respeitar os prazos discutidos acima para a semeadura.

Também há restrição de plantio na Austrália para algumas variedades de soja (Cannapolis, Hill, Triton e Semstar), após a aplicação de metribuzin. Não deve ser usado em solos calcáreos, em combinação com inseticidas organofosforados ou em solos com menos de 0,5% de matéria orgânica. Não aplicar em áreas com resíduo de atrazina nem em áreas com pH maior do que 8 e sujeitas a alagamento. Para outros cultivos em sucessão, não plantar áreas tratadas com culturas sensíveis, tais como brássicas, girasol, beterraba, alface ou cebola, por pelo menos 6 meses após a aplicação de metribuzin, uma vez que injúrias poderão ocorrer. Antes de plantar tais culturas, revolver o solo (DuPont Australia Limited, 2006).

3.4 Metsulfuron

Os resultados para metsulfuron (3,6 a 7,2 g ha^{-1}) variaram muito em função dos períodos e dos solos analisados e não foram conclusivos. Foram observados sintomas como inibição no crescimento e forte clorose em plantas de soja emergidas de ambos os solos (Figura 1(d)) (Alonso et al., 2011).

No Brasil, os principais produtos comerciais contendo este princípio ativo trazem a recomendação de que se deve observar um período de 60 dias entre a aplicação deste herbicida e a semeadura de soja (Rodrigues & Almeida, 2011).

Nos Estados Unidos, os intervalos mínimos de rotação são determinados pela taxa de degradação do metsulfuron. A sua degradação no solo é afetada pelo pH, presença de microrganismos, temperatura e umidade do solo. Temperaturas altas do solo, baixo pH e alta umidade aumentam a degradação no solo ao passo que baixa temperatura do solo, pH alto que e baixa umidade diminuem a velocidade de degradação. Nos Estados Unidos, as recomendações de períodos de tempo até o plantio seguinte variam de estado para estado. Para soja, considera-se necessário uma precipitação acumulada de 380 a 860 mm e um período de 4 a 34 meses (para uma dose de 4,2 g ha^{-1}) (DuPont, 2010a).

4. Potencial de *Carryover* Para a Cultura do Milho

4.1 Metsulfuron

Os resultados para metsulfuron (3,6 a 7,2 g ha^{-1}) também variaram muito em função dos períodos e solos analisados para o caso do milho. Foram observados sintomas como amarelecimento internerval (estrias) e redução no porte das plantas (Figura 2(a)) (Alonso et al., 2011).

O período de tempo mínimo recomendado entre a aplicação deste herbicida e a semeadura de milho é de 70 dias (Rodrigues & Almeida, 2011). No Canadá, bioensaios realizados com milho semeado em solo que havia recebido a aplicação deste herbicida demonstraram efeitos de redução no crescimento das raízes do milho observáveis para períodos de até 120 dias entre aplicação e semeadura, sem, no entanto, observar-se reduções na produtividade da cultura (Ivany, 1987).

Nos Estados Unidos, as recomendações de períodos de tempo até o plantio seguinte variam de estado para estado. Para milho, considera-se necessário uma precipitação acumulada de 380 a 860 mm e um período de 12 a 34 meses (para uma dose de 4,2 g i.a. ha^{-1}) (DuPont, 2010a).

4.2 Metribuzin

O sintoma observado no milho semeado após a aplicação de metribuzin (480 g ha^{-1}) foi clorose, progredindo para necrose de algumas folhas (Figura 2(b)). De acordo com os dados observados em relação ao acúmulo de matéria seca da parte aérea, apenas semeaduras realizadas imediatamente após a aplicação (0 DAA) provocaram redução na matéria seca das plantas de milho, em ambos os solos. Semeaduras realizadas a partir de 30 DAA não causaram efeitos significativos no milho, para ambos os solos avaliados (Alonso et al., 2011).

Não há informações sobre o período de tempo necessário entre a aplicação e a semeadura de milho em sucessão, nem no Brasil (Rodrigues & Almeida, 2011), nem no exterior. A única informação disponível nos Estados Unidos está na publicação de Devlin et al. (1992), que é de quatro meses entre aplicação e semeadura do milho, após a aplicação de doses semelhantes às utilizadas no trabalho de Alonso et al. (2011).

4.3 Chlorimuron

Forte amarelecimento e redução no porte das plantas de milho (Figura 2(c)) foram os sintomas visíveis provocados pelo chlorimuron (20 g ha^{-1}). Foi observada redução na matéria seca da parte aérea das plantas de milho

Figura 2. Injúrias observadas em milho (cv. DKB 390 YG) em função da atividade residual no solo de metsulfuron (a); metribuzin (b); chlorimuron (c); diclosulam (d); imazethapyr (e); imazaquin (f) e flumioxazin (g).

até 30 DAA no solo argiloso, não havendo efeito a partir de 60 DAA. No caso do solo de textura média, a matéria seca do milho também foi afetada quando a semeadura foi realizada aos 0 DAA e aos 30 DAA (Alonso et al., 2011).

Embora haja uma recomendação de se observar o prazo de 60 dias entre a aplicação e a semeadura do milho no Brasil (Rodrigues & Almeida, 2011), há relatos de injúrias no crescimento inicial de milho nos Estados Unidos cultivado após a soja que recebeu a aplicação de chlorimuron (Curran et al., 1991). Nos Estados Unidos, o chlorimuron é utilizado em doses que variam entre 18 e 26 g i.a. ha^{-1}, e o período para plantio de milho após as aplicações é de 7 a 10 meses, dependendo da localidade e da dose aplicada (DuPont, 2010b).

4.4 Diclosulam

Diclosulam (33,6 g ha^{-1}) promoveu amarelecimento em estrias e redução no porte das plantas de milho (Figura 2(d)). Reduções no acúmulo da matéria seca do milho foram observadas para semeaduras realizadas até 30 DAA (solo argiloso) ou até 60 DAA (solo de textura média). Semeaduras realizadas a partir de 60 DAA no solo argiloso ou de 90 DAA no solo de textura média não promoveram decréscimos de matéria seca no milho (Alonso et al., 2011).

Quando se aplica diclosulam em pré-emergência ou em pré-plantio e incorporado na soja, não se recomenda o plantio de milho em sucessão (Rodrigues & Almeida, 2011).

As culturas do milho e do sorgo apresentaram sensibilidade à atividade residual do diclosulam (35 g ha^{-1}) quando este é aplicado em pré-emergência da cultura da soja no ciclo anterior, mesmo quando estas gramíneas foram semeadas após a colheita da leguminosa 115 dias após a aplicação de diclosulam (Dan et al., 2010, 2012). Por outro lado, para milheto, a atividade residual no solo do diclosulam (35 g ha^{-1}) não foi suficiente para alterar o rendimento de grãos do milheto cultivado em sucessão à soja (120 DAA) (Dan et al., 2011b).

Nos Estados Unidos, para uma dose de 26,5 g i.a. ha^{-1}, o período de intervalo para o milho é de 18 meses (Dow AgroSciences LLC, 2010).

4.5 Imazethapyr

Imazethapyr (100 g ha^{-1}) provocou apenas leve amarelecimento na forma de estrias ao longo das nervuras do milho (Figura 2(e)). No entanto, houve efeitos negativos sobre a matéria seca das plantas até a semeadura realizada aos 30 DAA em solo argiloso, não existindo reduções a partir de semeadura aos 60 DAA. No solo de textura média, não se observou redução da matéria seca em nenhuma data de semeadura (Alonso et al., 2011).

Cinco produtos comerciais contendo imazethapyr apresentam recomendações de que não se deve plantar milho safrinha após a utilização deste herbicida na soja (Imazetapir Plus Nortox, Pistol, Vezir, Zaphir e Zethapyr). As recomendações dos demais produtos comerciais (Dinamaz e Pivot) não apresentam nenhuma restrição quanto à semeadura de milho safrinha em sucessão à soja que recebeu este herbicida (Rodrigues & Almeida, 2011).

Imazethapyr (100 g ha^{-1}) afetou a produtividade de milheto semeado após a aplicação do herbicida por períodos de até 120 dias (Dan et al., 2011a). As culturas do milho e do sorgo também apresentaram sensibilidade à atividade residual do imazethapyr (100 g ha^{-1}) aplicado em pós-emergência na cultura da soja, mesmo quando foram semeadas após a colheita da leguminosa, com intervalos de tempo entre aplicação e semeadura de 97 dias (Dan et al., 2010, 2012). A fitotoxicidade de imazethapyr (100 e 200 g ha^{-1}) não foi considerada prejudicial às plantas de milho quando a semeadura ocorreu 90 dias após a sua aplicação em pós-emergência em solo argiloso (75% argila, 2,7% de matéria orgânica) (Gazziero et al., 1997).

Nos Estados Unidos, em condições de textura argilosa, alta matéria orgânica, baixo pH ou pouca precipitação, o imazethapyr também pode causar injúrias para culturas em sucessão. No caso do milho Clearfield (resistente a imidazolinonas) não há problemas de replantio. Também é recomendável que o uso deva se restringir a uma única aplicação ao ano (doses variam de 48 a 96 g i.a. ha^{-1}). Para o milho, a recomendação é de um período de 8,5 meses de intervalo. O risco de *carryover* pode aumentar quando o imazethapyr é combinado com outros inibidores da ALS (BASF Crop Protection USA, 2009a).

4.6 Imazaquin

Foram observados sintomas como amarelecimento internerval e redução no porte das plantas de milho (Figura 2(f)) semeadas após a aplicação de imazaquin (180 g ha^{-1}). Em solo de textura média, efeitos negativos foram observados até a semeadura aos 120 DAA. Já para solos de textura muito argilosa, há uma grande variação nos dados, sendo recomendável um período de pelo menos 60 dias como intervalo de segurança (Alonso et al., 2011).

As recomendações de (Rodrigues & Almeida, 2011) sugerem que deve ser observado o intervalo de pelo menos 300 dias entre a aplicação de imazaquin e a semeadura do milho. Embora as recomendações sugiram um período bastante longo entre a utilização e o plantio, a atividade residual no solo do imazaquin (160 g ha^{-1}) não foi suficiente para alterar o rendimento de grãos do milheto cultivado em sucessão à soja (120 DAA) (Dan et al., 2011b).

Em trabalho conduzido no Brasil, a fitotoxicidade de imazaquin (120, 150 e 300 g ha^{-1}) não foi considerada prejudicial às plantas de milho quando a semeadura ocorreu 90 dias após a sua aplicação em pré-emergência em solo argiloso (75% argila, 2,7% de matéria orgânica) (Gazziero et al., 1997). Nos Estados Unidos, a dose recomendada de imazaquin é de 137 g ha^{-1}. O tempo recomendado entre a aplicação e a semeadura de milho varia de 9,5 a 18 meses, dependendo da região. Mesmo para o IMI-CORN, o período é de 9,5 meses (BASF Crop Protection USA, 2009b).

4.7 Flumioxazin

Flumioxazin promoveu redução de porte e necrose nas folhas mais velhas do milho (Figura 2(g)). No presente trabalho, quando aplicado na dose de 125 g ha^{-1}, também promoveu a redução da biomassa do milho quando as semeaduras foram realizadas até 30 DAA, em ambos os solos, não se observando efeitos a partir de 60 DAA nos dois solos avaliados (Alonso et al., 2011).

O produto é recomendado para a utilização em aplicações de manejo antecedendo a semeadura do milho na dose de 40 g ha^{-1} ou na dose de até 60 g ha^{-1} em manejo outonal. Existe um período de restrição de 14 dias entre a sua aplicação e a semeadura do milho (Rodrigues & Almeida, 2011).

A atividade residual no solo de flumioxazin (50 g ha^{-1}) não foi suficiente para alterar o rendimento de grãos do milheto cultivado em sucessão à soja (120 DAA) (Dan et al., 2011b).

Nos Estados Unidos, o intervalo de doses mais usual é entre 71 e 143 g i.a. ha^{-1}. Recomenda-se que o flumioxazin seja aplicado com uma antecedência de 14 a 30 dias antes da semeadura do milho. O intervalo pode ser maior em função do aumento da dose (Valent U.S.A. Corporation, 2010).

5. Potencial de *Carryover* do MSMA Para Soja e Para Milho

Não foram observados sintomas que comprometessem o desenvolvimento inicial da soja, em ambos os solos, não afetando assim a produção de matéria seca mesmo quando a cultura foi semeada imediatamente após a aplicação de dose 2370 g ha^{-1} do MSMA (0 DAA). No caso do milho em solo argiloso, mesmo quando a semeadura foi realizada aos 0 DAA, não houve prejuízo no crescimento das plantas de milho. No entanto, para o solo de textura média, o acúmulo de matéria seca do milho foi afetado por aplicações realizadas até 60 DAA, não havendo mais prejuízos para períodos a partir de 90 dias entre aplicação e a semeadura do milho (Alonso et al., 2011).

Uma vez que a maior utilização do MSMA é nas culturas de algodão e cana e que não se considera o mesmo como um herbicida com atividade residual no solo, não há restrição para semeadura de culturas em rotação nas recomendações de Rodrigues & Almeida (2011), possivelmente em função do longo período de tempo entre a época em que este herbicida é aplicado culturas e a eventual semeadura de outras culturas. Não há restrições para plantios em sucessão nas bulas dos produtos comercializados nos Estados Unidos e na Austrália.

6. Considerações Finais

Considerando um período médio de 60 dias entre a aplicação do manejo outonal e a semeadura do milho de verão há diversas opções de herbicidas que podem ser utilizadas, além daquelas que naturalmente já apresentam seletividade para a cultura e que não foram avaliadas neste trabalho. Por outro lado, no caso da soja, há limitadas opções seletivas dentre aquelas avaliadas neste trabalho, devendo-se preferencialmente utilizar herbicidas de efeito residual que apresentem seletividade para a cultura.

Especificamente em relação aos resultados dos trabalhos de Alonso et al. (2011), é importante observar que os dados se referem apenas ao crescimento inicial das plantas (até 15 dias após a emergência) e não ao impacto destes herbicidas na produtividade das culturas. Neste caso, é possível que também possa ocorrer a recuperação dos sintomas no decorrer do desenvolvimento da cultura. Portanto, os dados de aqui apresentados são apenas indicativos de possíveis problemas advindos da aplicação destes herbicidas. Em condições de campo, é muito difícil prever com antecedência qual será o período de atividade residual no solo ou com qual intensidade ele pode atingir a cultura semeada em sucessão. Mesmo para aqueles produtos dos quais já se conhecem dados, a variabilidade de clima, solos e de sensibilidade de variedades torna de difícil predição o efeito de *carryover*.

Concluindo, observa-se que o potencial efeito de potencial de *carryover* varia em função do herbicida e da dose utilizada, do tipo de solo, do clima, da época de aplicação e da espécie cultivada em sucessão. Desta forma, nas condições brasileiras, até que informações mais precisas sejam geradas, parece mais seguro utilizar no manejo outonal herbicidas (com atividade residual) que sejam naturalmente seletivos para a cultura semeada em sucessão.

Referências

Alonso, D.G.; Constantin, J.; Oliveira Jr., R.S.; Koskinen, W.C.; Oliveira Neto, A.M.; Dan, H.A. & Guerra, N., Carryover potencial of herbicides used for *Conyza* sp. control. In: *Proceedings of 2011 Weed Science Society of America Annual Meeting.* Portland, USA: Weed Science Society of America, p. s.p., 2011.

BASF Crop Protection USA, , Pursuit herbicide. 2009a. Disponível em: *http://agproducts.basf.us/app/cdms?manuf=16&pd=797&ms=2274*, 27 p., acesso em: 19/dez/2011.

BASF Crop Protection USA, , Scepter 70 DG herbicide. 2009b. Disponível em: *http://www.cdms.net/LDat/ld854013.pdf*, 15 p., acesso em: 19/dez/2011.

Bayer CropScience, , Balance® Flexx herbicide. 2011. Disponível em: *http://www.bayercropscience.us.com/*, 2 p., acesso em: 19/dez/2011.

Bayer CropScience Pty Ltd., , Balance 750 WG herbicide. 2011. Disponível em: *http://www.bayercropscience.com.au/resources/uploads/label/file7284.pdf*, 5 p., acesso em: 19/dez/2011.

Blainski, E., *Herbicidas Alternativos para o Controle de* Conyza *spp. em Diferentes Estádios de Desenvolvimento e Monitoramento de Fluxos de Emergência em Campo.* Dissertação de mestrado em Agronomia – Proteção de Plantas, Universidade Estadual de Maringá, Maringá (PR), 2011. 71 p.

Blainski, E.; Constantin, J.; Oliveira Jr., R.S.; Biffe, D.F.; Raimondi, M.A.; Bucker, E.G. & Gheno, E., Eficácia de alternativas herbicidas para o controle de buva (*Conyza bonariensis*). In: *Resumos do 5º Congresso Brasileiro de Soja.* Goiânia, GO: EMBRAPA Soja, p. 54, 2009.

Curran, W.S.; Knake, E.L. & Liebl, R.A., Corn (*Zea mays*) injury following use of clomazone, chlorimuron, imazaquin and imazethapyr. *Weed Science*, 5(3):539–544, 1991.

Dan, H.A.; Barroso, A.L.L.; Dan, L.G.M.; Procópio, S.O.; Oliveira Jr., R.S.; Simon, G.A. & Munhoz, D.M., Atividade residual de herbicidas aplicados em pós-emergência na cultura da soja sobre o milheto cultivado em sucessão. *Planta Daninha*, 29(3):663–671, 2011a.

Dan, H.A.; Dan, L.G.M.; Barroso, A.L.L.; Oliveira Neto, A.M. & Guerra, N., Resíduos de herbicidas utilizados na cultura da soja sobre o milho cultivado em sucessão. *Revista Caatinga*, 25(1):86–91, 2012.

Dan, H.A.; Dan, L.G.M.; Barroso, A.L.L.; Procópio, S.O.; Oliveira Jr., R.S.; Assis, R.L.; Silva, A.G. & Feldkircher, C., Atividade residual de herbicidas pré-emergentes aplicados na cultura da soja sobre o milheto cultivado em sucessão. *Planta Daninha*, 29(2):437–445, 2011b.

Dan, H.A.; Dan, L.G.M.; Barroso, A.L.L.; Procópio, S.O.; Oliveira Jr., R.S.; Silva, A.G.; Lima, M.D.B. & Feldkircher, C., Residual activity of herbicides used in soybean agriculture on grain sorghum crop succession. *Planta Daninha*, 28(especial):1087–1095, 2010.

Devlin, D.L.; Peterson, D.E. & Regehr, D.L., *Residual Herbicides, Degradation, and Recropping Intervals.* Report C-707, Kansas State University Agricultural Experiment Station and Cooperative Service, Manhattan, USA, 1992. 12 p.

Dow AgroSciences LLC, , Strongarm specimem label. 2010. Disponível em: *http://www.cdms.net/ldat/ld3M2015.pdf*, 5 p., acesso em: 18/dez/2011.

DuPont, , DuPont™ Ally® XP herbicide material safety data sheet. 2010a. Disponível em: *http://www2.dupont.com/Production_Agriculture/en_US/label_msds_info/labels/SL-1535.pdf*, 7 p., acesso em: 19/dez/2011.

DuPont, , DuPont^{TM} Classic® herbicide material safety data sheet. 2010b. Disponível em: *http://www2.dupont.com/Production_Agriculture/en_US/label_msds_info /labels/SL-1595.pdf*, 10 p., acesso em: 19/dez/2011.

DuPont Australia Limited, , DuPont^{TM} Lexone® Xtruded^{TM} Herbicide technical information. 2006. Disponível em: *http://www.herbiguide.com.au/Labels/METZ75_60671-1106.PDF*, 7 p., acesso em: 19/dez/2011.

Gazziero, D.L.P.; Karan, D.; Voll, E. & Ulbrich, A., Persistência dos herbicidas imazaquin e imazethapyr no solo e os efeitos sobre plantas de milho e pepino. *Planta Daninha*, 15(2):162–168, 1997.

Ivany, J.A., Metsulfuron use in barley and residual effect on succeeding crops. *Canadian Journal of Plant Science*, 67(4):1083–1088, 1987.

Oliveira Jr., R.S., Conceitos importantes no estudo do comportamento de herbicidas no solo. *Boletim informativo Sociedade Brasileira de Ciência do Solo*, 27(2):9–12, 2002.

Oliveira Neto, A.M., *Manejo Outonal de* Conyza *spp. Baseado em Glyphosate + 2,4-D, MSMA e Amônio-glufosinato Aplicados Isoladamente ou em Mistura com Herbicidas Residuais.* Dissertação de mestrado em Agronomia – Proteção de Plantas, Universidade Estadual de Maringá, Maringá, PR, 2011. 62 p.

Oliveira Neto, A.M.; Constantin, J.; Oliveira Jr., R.S.; Guerra, N.; Dan, H.A.; Alonso, D.G.; Blainski, E. & Santos, G., Estratégias de manejo de inverno e verão visando ao controle de *Conyza bonariensis* e *Bidens pilosa*. *Planta Daninha*, 28(especial):1107–1116, 2010.

Rodrigues, B.N. & Almeida, F.S., *Guia de Herbicidas.* 6ª edição. Londrina, PR: Edição dos autores, 2011. 697 p.

Valent U.S.A. Corporation, , Valor SX herbicide. 2010. Disponível em: *http://www.valent.com/Data/Labels/2010-VLR-0010%20Valor%20-%20form%201501-E.pdf*, 27 p., acesso em: 19/dez/2011.

www.ingramcontent.com/pod-product-compliance
Lightning Source LLC
LaVergne TN
LVHW012111160826
845678LV00014B/3046
9788564619067